森の学校
海の学校

アクティブ・ラーニングへの第一歩

共存の森ネットワーク編

村川雅弘・藤井千春 監修

はじめに　共存の森ネットワーク理事長　澁澤寿一 …………… 4

第1章 森の学校編　……………………………………………… 7

特認校の個性を磨く学校林での教育活動
　〜北海道札幌市立駒岡小学校の取り組み〜 …………………… 8

北海道札幌市立駒岡小学校への提言 〜わたしの視点〜 ……… 24

自分ごととして探究する授業
　〜宮城県仙台市立広瀬小学校の取り組み〜 ………………… 26

宮城県仙台市立広瀬小学校への提言 〜わたしの視点〜 ……… 42

森のない街の学校での森林教育プログラム
　〜日本建築学会（東京都杉並区立荻窪小学校・杉並第八小学校）の取り組み〜 … 44

日本建築学会（東京都杉並区立荻窪小学校・杉並第八小学校）への提言
　〜わたしの視点〜 ……………………………………………… 60

ふるさとを元気にできる森林環境学習
　〜岡山県西粟倉村立西粟倉小学校の取り組み〜 …………… 62

岡山県西粟倉村立西粟倉小学校への提言 〜わたしの視点〜 … 78

COLUMN 1　ザ・総合の授業〜小学校現場から生中継
　　　　　　　鼎談 わたしならこう考える
　　　　　　　〜題材のさがし方から授業への落とし込みまで〜
　　　　コメンテーター
　　　　　　兵庫県たつの市立新宮小学校 教諭　石堂　裕
　　　　　　東京都新宿区立大久保小学校　主幹教諭　三田大樹
　　　　ファシリテーター
　　　　　　共存の森ネットワーク 事務局長　吉野奈保子 …… 80

COLUMN 2　総合の授業の組み立て方（中学年）
　　　　　　　一人ひとりの気付きや疑問を重視し、
　　　　　　　探究する力を養う授業づくり
　　　　　　　〜スタートの3年生でおさえたいポイント〜
　　　　　　兵庫県たつの市立新宮小学校 教諭　石堂　裕 …… 87

COLUMN 3 総合の授業の組み立て方（高学年）
総合的な学習の時間を
アクティブ・ラーニングにするために
〜高学年でおさえたいポイント〜

東京都新宿区立大久保小学校　主幹教諭　三田大樹 ……… 91

第2章 海の学校編 ……………………………………… 95

津波からふるさとを守る！
〜兵庫県相生市立相生小学校の取り組み〜 ………………… 96

兵庫県相生市立相生小学校への提言〜わたしの視点〜 ……… 112

干潟のすごさ，「海・川・山のつながり」を学ぶ
〜大分県中津市立北部小学校の取り組み〜 ………………… 114

大分県中津市立北部小学校への提言〜わたしの視点〜 ……… 130

食卓と海はつながっている！
〜東京都中野区立中野本郷小学校の取り組み〜 …………… 132

東京都中野区立中野本郷小学校への提言〜わたしの視点〜 … 148

ふるさとの海を愛し誇れる教育
〜熊本県水俣市立袋小学校の取り組み〜 …………………… 150

熊本県水俣市立袋小学校への提言〜わたしの視点〜 ………… 166

COLUMN 4 「つながり」と「共感」を求めて
〜認定 NPO 法人 共存の森ネットワークの活動〜
共存の森ネットワーク理事・事務局長　吉野奈保子 … 168

第3章 これからの生活科・総合的な学習の時間… 173

これからの生活科とその授業
早稲田大学 教授　藤井千春 …………………………………… 174

これからの総合的な学習の時間とその授業
鳴門教育大学大学院 教授　村川雅弘 ………………………… 182

あとがき　共存の森ネットワーク理事・事務局長　吉野奈保子 ……………… 190

　森や海，川に代表される日本の自然は，最初からそこにあったのではなく，人との関係性の中でつくられてきました。食料や薬，燃料，建材，肥料や飼料，布を織り，縄を綯い，紙を漉く繊維……そして清らかな水。人間の登場以来，自然は人々の暮らしを支えてきました。一方，人の手が入ることにより，自然界には攪乱が起こり，太陽の光が差し込み，生態系の多様性が維持されます。

　この地球という惑星は，宇宙に浮いた閉じられた生態系です。外から入る主なものは太陽の光，そのエネルギーを体内に蓄えて成長できるのは，光合成の機能を持った植物や植物性バクテリア，海中の藻類に限られます。他の生き物はそれらを食べることで，間接的に太陽エネルギーを体内に取り込みます。人による攪乱は特定の種のみが太陽エネルギーを独占することを防いできました。

　森の時間，海の時間という言葉があります。屋久島の縄文杉は2000年以上生きつづけ，パナマの太平洋側には寿命6000年といわれるサンゴがあります。それに対して人間の寿命は約100年です。1本のスギを育てるためには何世代もの人間のかかわりが必要になります。人は，多様な時間をもつ自然や生き物とかかわり，その生命をもらいながら生きてきました。

　森や海では，子どもたちはそんな自然を身体と心で確かめようとします。五感すべてを解き放して，自分と自然の織り成す小宇宙を体験しようとするのです。そこでは，あくまで自分が主体です。その主体は自然との関係性の中に存在する主体で，決して単独ではありません。子どもたちが

身につけたいのは，自然に対する知識ではなく，自然の中で生きる知恵や暗黙知といわれるものです。

　教育現場で望まれる，子どもが身につけてほしい資質は，

1．体験し，知る能力

2．思考し，判断する能力

3．社会や世界とかかわる能力

です。それらの資質を獲得するために，新しい学習指導要領の検討段階では「アクティブ・ラーニング」と呼ばれる手法が提示されました。教科の意義を大切にしつつ，相互の関連を図ることで，より深く思考し，対話力をもち，主体性をもって学習する子どもを育成しようとする試みです。

　わたしたちが言葉の能力を取得したのは赤ん坊のときでした。お腹がすいて泣いたり，騒いだり……ある時「マンマ」という言葉を発してみると「まあ，この子しゃべったわ！」と両親は喜び，そしてオッパイを飲ませてくれました。その言葉に決まりがあったり，意味があったりすることを知ったのは，ずっと後でした。

　頭の中にある膨大な情報を，言葉という決めごとで抽出するしくみを体得したとき，わたしたちはその言葉を使い，思考することを覚えました。思考し，初めて判断する能力を身につけたのです。でもまだ頭の中には言葉にならない情報がたくさん眠っています。ユリの花とキンモクセイの花の香りの違いはわかっても，言葉で違いを表すことは難しい。その言語化できない情報もわたしたちは社会生活の中でやりとりをします。非認知能力，暗黙知，そして知恵といわれる分野で，わたしたちの言語による思考を手助けしてくれます。それらの能力を使い，社会と接することで個性が生まれ，他の個性の存在を知り，多様性を受け入れることになります。自立した個の誕生です。アクティブ・ラーニングは，これらの行程をいかに子どもたちが身につけることができるか，そのサポートの手法です。

　自然は様々な生命や情報の宝庫です。そして自然はわたしたちの肉体が，生命ある暮らしを営む胎盤でもあります。生物の一員であるわたしたちが生きるために必要なのは，お金ではなく自然です。自然体験学習の意味はそこにあります。子どもたちは，自然を五感すべてで体験し，心と身体で知ろうとしたとき，頭の中の言語と非言語を駆使して深く考え，自ら主体的に判断します。そして自然，人の多様性を，その関係性の中に見出

します。そして，それらがつながりあって生態系というバランスと調和を創り出していることも知るのです。そこには意味のない生命は一つもありません。その関係性の中で，初めて対等なコミュニケーションが生まれます。

　本書には，森や海で子どもたちが体験し，多くのことを知り，判断し，他者を受け入れ，コミュニケーションをとり，そして社会を主体的に考えるように至る，数々の事例が示されています。指導に当たった教職員の方々の気付きの足跡も読み取っていただけるでしょう。多くのみなさまの目に，本書が触れることができれば幸いです。

NPO 法人 共存の森ネットワーク
理事長 澁澤 寿一

第1章 森の学校編

北海道札幌市立駒岡小学校
宮城県仙台市立広瀬小学校
日本建築学会（東京都杉並区立荻窪小学校・杉並第八小学校）
岡山県西粟倉村立西粟倉小学校
.... 取材・執筆　浜田久美子

各事例への提言 .... 執筆　藤井千春

COLUMN 1〜3
鼎談　ザ・総合の授業〜小学校現場から生中継
.... 石堂　裕，三田大樹，吉野奈保子
総合の授業の組み立て方（中学年）…… 執筆　石堂　裕
　　　　　　　　　　　　　（高学年）…… 執筆　三田大樹

森の学校

特認校の個性を磨く 学校林での教育活動
~北海道札幌市立駒岡小学校の取り組み~

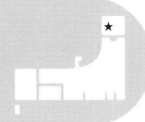

❶ 穏やかなバス通学

　朝，8時。札幌市営地下鉄南北線の終点，真駒内駅から出るバスの乗り場の一つに，毎日小学生の列ができる。札幌市立駒岡小学校〔熊谷由紀校長　2014（平成26）年度全児童数83人〕に通う子どもたちの一団である。1年生から6年生まで，自宅の最寄り駅からめいめい地下鉄やバスに乗り，この真駒内駅に集合する。構内から駆け出て友だちの輪に入ると「ねぇねぇ！」とおしゃべりが始まり，じゃれあっては楽しそうに集っている。そう，楽しそうだが，うるさくて目に余るようなことはない。

　朝の多忙な時間の駅の喧騒のせいだろうか？　それとも毎朝駅で見送る校長先生の見守りの威力か？「落ち着いているなあ」。それが初めて彼らと駅で会った印象だった。

　しかし，バスに乗れば駅前の喧騒は消える。熊谷校長先生はバスには乗らない。無事に全員が乗るのを見届け，今度は車で学校に先回りするからだ。さて，車内で彼らはどうなる？空席にわれ先にとイス取りゲームだろうか…などと思った自分が恥ずかしい。彼らは小さな紳士淑女だった。

　一般乗客が乗車し終わるのを待ち，整然と乗り，空席にはあたかも最初から決められていたかのように誰かが着席していく。

　しかしバス停で新たに乗ってくる子がいると，先に座っている子と交代する場面が頻繁にあった。駅前の整列時からバスに揺られ15分ほどの学校に着くまで，一連を統率しているのは当番のリーダー6年生である。バスの先頭部に立って，車内を見回してはその指示を出しているのだ。まさに司令塔である。

　とはいえ彼らは小学生だ。交代に悶着が起こらないのが不思議で，「どういう決まり？」と司令塔に聞いてみた。「低学年から順番に座るの」とはにかみながら教えてくれた。スムーズな座席交代は，当番リーダーの大

きな仕事なのである。

　70人もの小学生が乗っているバスで、かまびすしい大声も悪ふざけもなく、かといっておさえつけられての硬い沈黙とも違う車内は、なごやかで気持ちがよい。終始全体に目配りをつづける6年生リーダーの、ささやかな緊張感が伝わるのもよい。「頑張っているのがわかるよ」とホメたくなってしまう。こんなふうに、毎朝を彼らは過ごしている。

▲通学バスの車内

❷ 特認校の先駆け

　なぜ彼らはバス通学をしているのか？　それは駒岡小学校が特認校だからである。

　札幌市が発祥の特認校制度は1977（昭和52）年に始まった。昭和40年代後半に児童数が減り始めた市内のとある小学校が、二つの学年が一つの教室で勉強する複式学級の維持も困難となり廃校の危機に直面していた。当時、市内には同じ問題を抱える学校が他にもあった。それらの学校に共通していたのは、「郊外の豊かな自然と少人数による人間的な触れ合いが期待できる」という声である。その特性を生かすために「恵まれた自然環境と少人数での特色ある教育」を柱とする「小規模特認校」制度が誕生していく。駒岡小学校は存亡をかけてこの試みを始めた最初の4校のうちの一つだった。

　しかし、居住する学区を越えるのは、通学の負荷が大きくならざるを得ない。時間、経費、そして心配。親子双方にそれらはかかる。それらを凌駕しても「この学校に通いたい」と思われなければ特認校は存続できない。そのために、特認校はそれぞれ学校の独自性を模索し、打ち出していく。「選ばれる学校」となるために。

　駒岡小学校は、地下鉄真駒内駅から南に5kmほど行った、なだらかな丘陵地帯を越えた先にある。校舎は約1haの雑木林と隣接して建ち、校門の前には精進川

▲職員室の窓辺にエゾリス

が流れている。ミズナラ，ナナカマド，シラカバにダケカンバなどの北国の森は，四季折々の変化が鮮やかである。教室の窓にはエサ台が設けられ，この森にすむ多様な野鳥やエゾリスらが子どもたちの目の前にあいさつをしに来てくれる。大人でもワクワクする接近度だ。こういう自然環境を積極的に日々の学校生活に生かすのが，最大の特徴である。

　ちなみに，21世紀になると平成の大合併による自治体の編成，昭和時代のニュータウンや団地の世代構造の変化，止まらない少子化など複合的な要因で，子ども数の減少は都市部，郊外の別なく広がった。そのため，今では日本中で小規模特認校制度が活躍している。その分各校の独自性も多様になった。しかし，「あの学校に入りたい」と強く思われる個性が存続のカギであることには変わりはない。

❸ 森とつながる教育の歴史

　1977（昭和52）年に特認校となって以来，駒岡小学校では学校行事や年間を通した体力づくりに森を活用してきた。

　春には入学したての1年生が「自分の木（以下マイツリー）」を選ぶ。マイツリーは6年間を通して一人に1本変わらぬパートナーとなるが，多くの子どもにとっては卒業してからも大事な存在としてありつづけるという。夏には全校宿泊，秋にはツリークライミングに陶芸の野焼き，冬には巣箱の掛け替えに真冬の全校宿泊…などと森での行事はつづく。

　体力づくりは，春から秋にかけては林内コースを走る学校林走，冬はクロスカントリースキーである。紅葉の中の学校林走タイムトライアルは，春からつづけてきた切磋琢磨の集大成だ。ただし，このタイムトライアル，競う相手は「自分自身」である。以前の自分よりもどれだけ速く，たくさん走れるようになったか，それを毎年「自分自身」と競っていくのだ。

　こうして日々の学校生活の中で森に頻繁に入ることに加えて，駒岡小学校にはもう一つの特色がある。1年生から6年生まで縦割りの異学年で構成される「みずなら活動」だ。行事は基本的にこのみずなら班単位で参加する。森での行事は

▲マイツリー

もとより，農園活動や全校給食，レクリエーションはほとんどみずなら活動となる。

この異学年が混成するグループ活動は，今の学校では珍しいスタイルではない。ただし，先生らによると，駒岡小学校に赴任してみずなら活動の頻度の多さに驚くという。前述のように学校行事はもちろん，みずなら班の会議や全校給食なども加わり，日常的にみずなら活動となるからである。

「何しろ，毎朝夕のバス通学が毎日みずなら活動みたいなもんですけどね」と大場隆幸教頭先生（2014年度当時）が笑った

▲ツリークライミング

が，「なるほど！」とわたしは膝を叩いた。あの毎朝の通学は，確かに日々異学年での訓練そのものではないか。いや，みずなら活動の多さがあの朝の落ち着き，なごやかさの秘訣なのか。

「そう言っていただけるのはうれしいんですが，なかなか。朝はまだいいんですが，帰りがねぇ。授業が終わって興奮しているというのか，解放されるというのか，朝よりはどうもちょっとダメなんですよ」と大場教頭先生は苦笑した。朝の通学も，新年度しばらくは座る順番の小競り合いやら，リーダーの指示を聞かないなどの困りごとが起きるそうだ。70人もの子どもの集団，当然だ。むしろ，半年で穏やかな通学になることがこの目で見た後でも驚きである。

「ただ，確かにこの数年，バスでの子どもたちの態度がよいことを周囲の方に指摘していただくようになりましたね」と大場教頭先生はつづけた。それは，駒岡小学校が試みてきたこの数年の成果であるにちがいない。

❹ ザ・チェンジ〜転換点〜

校舎のお隣に生き物がたくさんいる雑木林—その恵みを生かし，クラスの人数の少なさは密度で補い，さらには異学年構成の班活動を縦横に多用して，豊かな子どもどうしの関係を築く駒岡小学校。森は確かに学校生活の基盤にあった。1, 2年生の生活科や3〜6年生の総合的な学習の時間での活用，様々な学校行事にも多用されていた。しかし今から5年前の

2011（平成23）年，さらなる森の展開が始まっていた。各教科の授業に森を活用するチャレンジである。

　全学年，あらゆる教科で，森の中で実施できるか，あるいは森を教材として使えるかという授業の研究が始まったのだ。きっかけは，先生たちの経験から裏付けられた観察眼である。「森で過ごしているときの子どもたちは落ち着きがある」「森では子どもどうしでのいさかいが起きない」などと，校舎内での子どもたちの様子と，森の中での子どもたちの態度や行動の違いが先生たちの共通認識になっていた。そこから，すべての授業で森でのこの効果を生かしてみようというアイデア『駒岡の森プログラム』へとふくらんでいく。

　それは森林が心身に及ぼす影響の研究成果を奇しくも取り入れたかのようなものだった。森林療法研究の上原巌教授（東京農業大学森林総合科学科）は，森林では，室内よりも対人距離を自由に取れ，音の反響が緩和されることや，自分の居場所をつくりやすいこと，何よりも森林の風致作用（気温，微風，自然音，地形の変化，足もとの林床の感覚，芳香など）がもたらす落ち着きなどを報告している。上原教授は，近年全国で増加している発達障がいの子どもたちに森の効果があることを示し，森のさらなる活用を推奨している。

　2011（平成23）年，前校長の矢嶋一昭先生（2009-2013年在任）は，当時，研究部長の辻岳人教諭を中心に，「学校林を学習の場とする」という日本にお手本のない駒岡小学校の先駆的な取り組みを始めたのだった。

▲森の中の教室

❺ 森で可能な授業さがし

　しかし何しろ手探りである。とにかく，担任の先生方は春に年間指導計画をたてるにあたって，教科書と首っ引きで何か森を使える場面はあるかを洗い出した。各学年，数例をあげてみよう。

1年　国語　単元「かける ように なったよ」
　　　　　「なかよしこまおか探検隊（春）」で見つけたことを書く。
　　　図工　単元「なにに なるかな」

学校林で拾った材料（枝・葉・実）を使ってつくる。アサガオ
リースにも使える。

2 年　国語　単元「かんさつ名人に　なろう」
学校の周りや学校林の生き物や植物を観察し，気付いたことやわ
かったことを文章にする。

3 年　理科　単元「かげと太陽」
グラウンドの日なたの地面部分と学校林の日かげの地面部分の気
温差を測定する。

　　　音楽　単元「音楽づくり」
冬の学校林をイメージして，音楽の要素を取り入れながら学校林
の音楽をつくる。

4 年　算数　単元「折れ線グラフ」
気温の変化を，グラウンドと学校林で比べてグラフに表す。

　　　理科　単元「天気による気温の変化」
グラウンドと学校林の気温を測り，変化の違いから，気温を左右
する要因について考える。

5 年　算数　単元「平均」
平均から全体量を導き出す考えをもとに，学校林の全長を考え
る。

　　　図工　単元「アニメーションづくり」
学校林を舞台に，デジタルカメラを用いてコマ撮りのアニメー
ションをつくる。

6 年　算数　単元「比と比の値」
マイツリーと自分が並んだ写真から，比を使って木の高さを求め
る。

　　　国語　単元「季節の言葉（秋）」
秋を感じる言葉，その様子などを出し合う中で，学校林で見つか
る言葉をまとめる。

　いやいや，いろいろ使えるものである。先生方の努力が目に浮かぶ。こ
れらは研究授業として全教師が学び合い，共有し，さらに改善点や今後の
工夫点などを出してブラッシュアップしていく，という積み重ねがなされ
ていった。先生方の熱意が研究会を繰り返して次年度に生かされていき，

駒岡小学校全体で共有されるようになる。

　この先生方の熱意を引き出したのは，当の子どもたちの反応だったようだ。プログラムが始まった 2011（平成 23）年度に赴任し，教務主任を務めてきた秋本秀人先生は，試行錯誤をずっと見てきた一人である。初年度，森の教材としてのすばらしさに驚いたという。

　「とにかく，子どもたちが夢中になるんですね。教室に戻ってからの話し合いも，身体で感じた，目で見て，耳で聞いて，諸感覚に裏打ちされた話になるので，（森は）すばらしいなと一年目ですぐに感じました」と。この秋本先生の感想は，先生方共通の実感だったことが研究授業集を読むとわかる。

　木々を渡る風，土や草の匂い，姿を見せない鳥たちの鳴き声，木漏れ日，ときに霧や雨，雪の森の静寂…。それらが日々子どもたちの心身に刻まれていた。そういう中で身につけた観察眼，語彙，感動，不思議さなどが子どもたちからキラキラと発せられた。国語の文章を書くのも，算数で比の勉強をするのも，教科書で学ぶのとは違う生き生き感，グッと授業に入り込んでくることに先生たちは確かな手応えを得る。森で過ごした幾多の時間は，子どもらにこれほど「実感」の厚みを蓄積していることは先生たちにも驚異だった。

　そして，森の中の多くの場面で子どもたちは落ち着きと集中力を発揮したのである。「なんで今までやらなかったんだろう!? こんなに効果的なのに!」と先生方が口にしたとき，矢島先生は「ヨシッ」と思ったに違いない。

　2014（平成 26）年度の春に赴任してきた熊谷校長先生は，かつてこれほど森が活用されている学校にいたことはないという。

　「目が違うんですね，ここの子どもたちは。わたしにはまったく見えないものを，『あ，あそこに○○がある』とパッと見つけるんです。その観察眼に驚きましたし，その説明についての知識がすごいんです。知識といっても，ただ調べたものではなくて実際に見たり，聞いたり，さわったりしていることに裏付けられているので，説得力が違うんですね」と唸る。子どものはつらつとした様子は，先生方に伝染するようだ。

❻ 3, 4年生・総合的な学習の時間－教師の視点

　2014（平成26）年度の3，4年生の総合的な学習の時間の題材は「鳥」である。ちなみに，駒岡小学校では総合的な学習の時間は，2学年合同で行っている。P23の表にあるように，鳥について知り，調べ，発表する，という一連の基本的活動を通して，3年生にとっては初めての総合的な学習の時間の基本─他の教科でこれまでに学んできたことを横断的に活用し，繰り返し対象に取り組み，理解を深め，課題を探究していく─を学ぶ。2学年合同の利点は，すでに経験者の4年生から学べることである。

　春から初夏にかけて，学校林でバードウォッチングをして観察する。これまでに蓄積された駒岡小学校の鳥リスト（掲示物や冊子，リーフレットなどになっている）などで鳥の種類を知り，図鑑やインターネットなどで基礎的なことを調べる。夏から秋にかけて，それらの鳥の中から一人ひとりが自分の好きな鳥を選び，調べたことを紹介するポスターをつくっている。

　ポスター終了から二学期いっぱいは「鳥博士になろう」という目的で，これまでの観察と調べ学習で得た知識から，さらに一歩深める活動がめざされている。春からつづく調べ学習でわいてきた疑問や興味に焦点をあて，その疑問を解くプロセス，興味の背景を伝えるプロセスを発表へとつなげていくのである。

　見学したこの日の授業は2学期の終盤，いよいよ発表に向けての仕上げにかかる段階だった。模造紙に発表する内容について描いてきたものを仕上げ，発表のための練習へと進む。

　全体の司会進行を3年生担任の藤田拓人先生が進めていく。

　「はい，いよいよ発表が近付いてきました。今日は何をするかというと，これまでつくってきた自分の作品を見ながら発表の準備をしてもらいます」と藤田先生は，発表のしかたを中心に，模造紙の使い方などを説明していく。

　「発表のしかたを計画していってほしいと思います。まず，【初めの文】。もうポスターのときに一回発表をしているのでだいたいわかると思いますが，これから話す内容について，何について調べたのか，どうやって調べ

たのかなどをみんなにわかるように説明してほしいと思います。その説明に必要な内容をメモしていきます。この【初めの文】のところで，聞いてくれる人の気持ちをひきつける―どんなこと調べたんだろう，面白そうだな，など―ことが大切です。『どういうふうに話したらみんなが興味をもってくれるかな～？』と工夫してみてください。で，次，初めときたら？」先生が子どもたちに問いかけた。

「なか」「なか！」「なかっ」と何人もの子どもの声が重なる。

「そう，【中の文】。みんなの気持ちをひきつけたら，次は内容を説明します。詳しく，詳しく…。どんなことを調べて，どういうことがわかったか，というのをポスターに書いたことを読んでもいいんだけど，さらに付け足すといいですね」と先生が話を区切るやいなや「おわり！」と声が飛んだ。

子どもたちとやりとりをしながら，模造紙に書く発表の内容，発表のしかた，などを伝え終わると，４年担任の北村将多先生にバトンタッチ。

「先生たちはよく，面白い発表しようというようなことを言うと思うんだけど，面白い発表ってどういうことだと思う？」みんなを見回す。「先生もね，中学生のとき先生の先生に同じことを言われて，面白い発表って何かな，と思ったんだ。で，ちょっとふざけてみた」。

クスクス，ふふ，と子どもたちから笑い声があがった。

「メガネみたいなのをつけたりとか，ヒゲみたいなのをつけたり，ほんとにやったんだよ」先生もおかしさをかみ殺すように言うと，子どもたちがざわざわと笑う。

「ほんとにやったら，先生にものすごく怒られたんだ。そういう面白いじゃないって言われて」

うんうん，どうなったの？と聞くかのように子どもたちの身体が前のめりになる。

「じゃあ，面白い発表ってなんなんだろうって思ったら…」と少し間をあけてから，先生は３分の２ほど完成している目の前の子の模造紙を借りて黒板に貼った。

「例えばね，こういうふうにまとめたものがあります。これを発表します。大き

▲藤田先生と北村先生の授業

さは 14 ㎝，眉毛があるのが特徴（棒読みにする）…書いてあることを全部そのままただ読んでも……面白くないんだよねー。書いてないんだけど，学校林に本物がいて見たことがある，とか，書いてないんだけど，という付け足しがあればあるほど面白い発表になると思うんだ。ふざけて楽しいという面白いじゃなくて，ここに書いてないんだけど実際にはそうなんだ，とか，ほんとはこうなんだ，というようなこと。ほら，鳴き声を最初に聞いたよね？　図鑑にはこう書いてあったけど，ほんとに聞いたらこんな声なんだよというようなことを伝えるのが面白いと思うので，そこの工夫を頑張ってみてください。書いてあることを読むのは簡単。そこからもうちょっと工夫をして，面白い発表にしてください」

　面白い発表の視点を授けると，子どもたちは作業へと移っていった。

❼ 3，4年生・総合的な学習の時間ー子どもたちの視点

　それぞれの模造紙を受け取った子どもたちは，ホールに三々五々散らばった。二人とか三人で1枚の模造紙を囲むグループもあれば，一人で模造紙に向かっている子も結構いる。一人でやるのもグループになるのも自由で，子どもたちが自ら決めるのだという。グループになる場合は，同じ鳥を選んだり，テーマが共通だったりする場合が多いようだ。

　模造紙の大半が絵や文章で埋まり，そろそろ終わりが見えているグループ（個人）もあれば，まだまだ始まったばかりというような模造紙もある。しかし，一人で作業する子はもちろんのこと，どのグループも熱心に作業に取り組んでいる。てんでんバラバラ，床に寝そべったり，姿は思い思いでも，バスのとき同様落ち着いていて，楽しげな声があちこちから聞こえる。

　グループで相談しながら，あるいは独り言を言いながら，絵を描いたり色を塗ったり，これまで作成してきたノートから重要な情報を書き写したり，それぞれのやり方で模造紙に集中している。だから，教室は賑やかだが，それが乱れた喧騒にならず，やはり気持ちよい。

　子どもたちが掲げるテーマは多彩である。『すごいぞ!! クマゲラ』『絶滅危惧種について』『エナガの専門図鑑』『オオルリとコルリの違い』…似た種類を比べる子，好き嫌いとは違うテーマに注目する子，それぞれがこれまでの学習で深めてきた「ここぞ」にアプローチしている。

第1章　森の学校編

▲クマゲラについてまとめる

『餌と職業』という面白い組み合わせのテーマを掲げている子がいた。模造紙を覗き込むと、キツツキやツバメなどの絵が描かれ、それらが何を餌にしているのかが説明されている。さらに、それらの鳥に職業をあてはめている。キツツキは彫刻家、ツバメは大工、などというように。独創的な切り口だ。

絶滅危惧種について調べた子の模造紙には、トキやクマゲラという鳥に共通の「赤い色」に着目して、それが絶滅と関係あるのではないか？と推論している。クマゲラについて調べた子は、黒いカラスと間違えられて困らないだろうか？と感想を書いている。カラスは嫌われているから、間違えられると困るという推論だった。何人もの子が、自分たちの感想や推測、考えを、調べたことに加えて書いているのが目を引く。

ホールの一隅では女の子二人組の改まった声がするので行ってみる。もはや完成した『野鳥の観察ガイド』の発表練習中だった。

「わたしたちは、野鳥の特徴を四つに分けて観察しました」と一人が始めると、「『季節』『餌』『鳴き声』『とまる場所』を書きました」と交互に、間髪を入れずにつづけていく。あれ？　すでに練習済み？

「最初は季節から紹介します。3，4，5月によく見られる鳥は、ウグイス、スズメ、メジロ、オオドリ、ツグミ、ツバメなど小型の鳥がよく見られます」

「6，7，8月は餌のとりやすい夏なので、鳥の大半が見られます」

「虫、まつぼっくり、果物など」とそれらの餌になるものを一人が口をはさむ。

「9，10，11月はオオバン、マガモなど水辺の鳥がよく見られます」

「12，1，2月はシメ、シジュウカラ、などの鳥です」

「主に果実を採る鳥がよく見られる」

「次に、食べもののことを紹介します。ヒマワリの種を好む鳥、シジュウカラ、ゴジュウカラ、カワラヒワ、スズメ、シメ」

驚いた、しっかり役割分担され、しかも滞らない。

「ヒマワリの殻を割りやすいように鋭いくちばしをしている」

「次にリンゴやミカンなどの果物を好む鳥」

「オナガ，ヒヨドリ，メジロ…果物や花の蜜を吸うのかな？」と問いか
けるイントネーションに，

「前に，うちの庭にヒヨドリが来て，試しにリンゴを半分庭に出してみ
たら，2羽で3分ぐらいで食べてしまいました」という応答の形が出る
と，「すごい，すごい」の合いの手を入れる演出付きである。

この後も，一人が疑問を投げかけると，もう一人がそれにこたえる，な
どいくつかの演出がつづいた。最後に，一人ずつ，これからの抱負や，な
ぜ観察ガイドにしようと思ったのか，それをして何がよかったのか，まで
を報告して発表は締めくくられた。

「すごーい，上手だねぇ」と思わず感嘆の声が出てしまった。切り口が
四つという複層的なやり方も，合いの手などの演出も，そうして調べたこ
とだけでなく，自らやってみた実体験を添えるやり方も，どれも聞きごた
え十分。しかもその完成度。

先生たちが年間を通してこの授業でめざしてきたことが，確かに現れて
いると感じた瞬間である。

⑧ 内なるものを外に出すために

授業の冒頭で「自分の感想や考えを書く」「模造紙に書かれていないこ
とを発表する」と両先生は指導していた。1年間の学習の中でめざされて
いたのは，この「自分の感想や考え」「書かれていないこと」を表現して
「伝え合う」ことである。

実は，わたしが初めて駒岡小学校を訪れたのは2か月前の9月だった。
3，4年生は同じ総合的な学習の時間で鳥のポスターづくりをしていた。
今回の「鳥博士になろう」の前段階は，春から調べてきた中で，自分の好
きな鳥を決めて調べたことを発表するためのポスターづくりだったのだ。
そのときは一人ずつの作業だったのだが，先にいただいていた資料では，
「伝え合う」ということが学習の目的になっていると書かれていたので，
一人ずつの単独作業をやや不思議に思っていた。

子どもたちの間をまわりながらアドバイスしたり相談を受けたりしてい
た北村先生に，そのことを質問すると「伝え合うのは次の時間なんです。
今日はまず自分の考えや感想を出す時間。3年生は総合的な学習の時間が

今年初めてなので、この段階を飛ばして最初から【話し合う】【伝え合う】という段階に進んでしまうと、引っ張られてしまうんですね」という返事。どういうことかと言えば、

「子どもたちは学校林の中で観察しているときには口々に感想を言ったり、『こんな感じだよ。』と自分が不思議に思ったり、推測したりしたことを自然と口にするのですが、それを文章にするとなると難しいんですね。書くものにはそういう自分の考えや感想がまったく出ないんです。図鑑やインターネットで調べたことだけ、しか書けない」

ほう、そういうものなのか。

「たぶん、正しいことを書かなければと思うんですかね…。図鑑やインターネットで書かれていることが正しいと思い込んでいるようで、それを忠実に書いてしまい、疑問はもちろん、自分の感想を加える、なんて思いもよらないのです。でも4年生は、もうすでにやっているので、それができる子もいる。3、4年生合同なので、最初からグループでの伝え合いに入ってしまうと、自分の感想や推測を言える4年生に引っ張られて、3年生は今度はそれをそのまま書いてしまいやすいんです。だから、みんなで【伝え合う】前に、まず一人ひとりが自分の考えや感想を思い出し、文章に書き出す練習をしているんです」

なるほど、だった。自分が感じたこと、疑問に思ったこと、不思議を口にしながらも、それを「書く」のはすんなりとはいかない。ゆえに、まず一人ひとりが自分の内側に起きていること―印象、不思議、疑問などの自分の内側の思い―を「書き出す」というステップを設けているのである。これは、今の学年は「口にできるけれど、書けない」というステップだが、もっと下の学年のときには「口にする」ことがステップになっているのだろう。

▲思い思いに集中

そのプロセス、大人でも訓練が必要なステップに思える。自分の内側に湧いている「思い」「感じ」「考え」は、誰もが自然に口にしたり、書いたりできるというわけではないからだ。内側に起きていることを外に表す積み重ねで、できるようになることが多いので

ある。そして，表しやすいのは，内側にわいている思いや感じが強いことと，受け止めてくれる人がいるときだ。森と仲間―駒岡小学校には二つが揃っている。

子どもたちに身につけさせたい力である「伝え合う」をめざして積み上げてきた成果は，こうして確かに出ているのだと，二人の発表を聞きながら思っていた。ちなみに，発表の練習をした二人は3年生とのことである。立派！

⑨ 森と教室，併用の意義

3年間の研究授業のチャレンジを経て，2014（平成26）年度からの新たな3年間は精査する段階と位置付けられている。確かな子どもたちへの効果が見えてきた一方で，森の中ではうまくないと思われる事象もわかってきたからである。例えば話し合いや発表は，森の中で

▲学校林の様子

行うと逆に集中しづらく注意が分散してしまいがちなものだった。

そこで，森の中での授業と教室の中での授業とのすみ分けを行うことが次の研究となっている。これまでのところ，自分自身の内側に目を向けるようなものは森，人の話を聞く必要があるものは教室，というようなことが見えてきているという。

駒岡小学校の実践から導き出したこのすみ分けの重要性は，実はスウェーデンの教育界で研究がされてきた内容と一致するものである。スウェーデンにはアウトドア教育（日本ではアウトドア環境教育とされている）という教育手法があり，一瞥（いちべつ）するとアウトドア（野外）＝キャンプなどの野外活動，と受け止めてしまいがちだが，これは言葉通り，野外で行う教育，という意味で使われている。いろいろな教科を野外で行うことが，多面的な効果をもたらすことが研究され，実証されているのだ。

この分野の第一人者であるスウェーデン王立リンショーピング大学のシェパンスキー教授によると，野外だけでの授業，教室だけの授業，そして野外と教室の併用の授業，という三つのパターンの比較では，野外と教室の併用グループがもっとも授業が効果的（成績もよく，児童・生徒のや

る気など情緒面での安定もよい）であることが報告されている。

　その理由の一つとして教授は，野外で行われる授業では，教室内での授業と異なる心身の活用をあげている。すなわち，教室内では，わたしたちは頭に偏って授業を受けているが，その場合，実は脳は一部しかはたらいていないことが示されている。一方，野外での授業では，諸感覚や感情がはたらきながら授業を受けているため（無意識・無自覚でも），結果，脳の様々な部分が活発にはたらいて授業を受ける形になっているのだった。それが，理解や記憶をより深めることにつながっているのである。

　そのような効果のある野外だが，「振り返り」が教室で行われるとより定着が進む。ゆえに野外だけよりも教室との併用授業が効果的であると結論付けられているのだ。駒岡小学校の森を活用した成果は，これらの研究と見事に一致している。自然の中で心と身体が生き生きと連動して頭を使うのと，机に向かって頭だけを使うのとでは，何かが違うはずと推測できるが，今やそれが脳科学で解明されてきているわけだ。

❿ 生きていく支え

　駒岡小学校には7年1組がある。子どもたちの保護者であるかどうかは関係なく，地域の住民，卒業生の親，ボランティアなどなど，駒岡小応援団として活動してくれる大人の助っ人クラスである。学芸会でバスのマナーを楽しい劇にして演じて見せるのも7年1組の重要な任務だった。行事だけでなく，普段から学校に足しげく出入りするようにしている。

▲ 7年1組のバスマナー劇

　特認校の宿命として，子どもたちが暮らす地区はバラバラであり，帰宅後同級生と遊べる環境にはない。それぞれの居住地区での地域の子どもや大人たちとのかかわりがどの程度あるのかないのかは，個人差になる。学校ではたっぷりの森と密度濃く仲間や先生と深く縁を結んで学ぶ6年間だが，そこにさらに学校とは直接関係のない大人たちとのかかわりが彼らを包む。

　一人ひとりがパートナーとしてもつマイツリーの木々が，卒業後も彼らの心の中で育ちつづけるように，学校に集う様々な大人たちが「君たちを

見ているよ」と慈しんでくれた体制が，子どもたちの中でもう一つの木と
なって育っていくのかもしれない。自分は一人ではない，あの木も，あの
人も，確かに自分の中にいる。そんな思いが子どもたちの中にあれば，こ
れからの長い人生を歩くときの「よりどころ」となってくれるように見え
た。人生の中で起きる様々なできごとの，「ここぞ」というときの支えを
彼らはもっている。そう思う。

2014（平成 26）年度　3・4 年生総合的な学習の時間　年間カリキュラム
※（　）内は時数。同時期の「みずなら活動」も含む。

月	単元名	活動内容	まとめ方	発　表	付けたい力
4 5 6 7	みんなで バード ウォッチング （25）	◎掲示を利用して 鳥の種類を知る ◎学校林で鳥の観 察，基本的なこ とを調べる	◎「鳥図鑑」の作成 →個人で1冊。 型を用意し， 書き込んでい く	◎みんなで図鑑を 見合う	○情報を集め る力 ・表現する力
8 9	好きな鳥を 紹介しよう （10）	◎自分の好きな鳥 について詳しく 調べる	◎ポスター（画用 紙）の作成 →個人で1枚	◎紹介し合う ○秋まつり？ 参観日？	◎表現する力 ○情報を集め る力 ・課題を見つ ける力 ・課題を追究 する力
10 11 12	鳥博士に なろう（25）	◎これまでの活動 で生じた疑問か ら課題を設定す る ◎課題について詳 しく調べる	◎模造紙に まとめる →同じ課題の 子どうしで グルーピング	◎ワークショップ	◎課題を見つ ける力 ◎課題を追究 する力 ○表現する力 ・情報を集め る力
1 2	学校林の冬 （10）	◎冬の鳥の様子を 観察	◎ポスター・模造 紙・図鑑など好 きな方法でまと める	◎雪と暮らす お話発表会 3月1日？	◎情報を集め る力 ◎表現する力 ・課題を見つ ける力 ・課題を追究 する力

　前期（4～9 月）では，「総合的な学習の時間の基本」を学んでいく。3・4 年生がか
かわり合う環境を整備し，互いに教え合っていく。同時に対象物と何度もかかわるこ
とで，知識・理解的な側面を深めていく。
　発表については，ブロック内を基本とし，状況を見て，保護者・地域へ発信していく。
　後期（10～2 月）では，課題発見→課題追究の過程を重視する。観察より，調べて
まとめる時間を多くとり，いくつかの疑問が絡み合い，それが課題解決への道筋とな
ることを実感させる。
　1・2 月の活動では，外部の方たちに見てもらい，他校の様子と比べるような環境を
つくり出すことで，高学年の総合的な学習の時間につなげたい。

023

北海道札幌市立駒岡小学校への提言
～わたしの視点～

 バスの中で見られた子どもたちの育ち

　バスの中での子どもたちの秩序正しさは，押しつけられた指導によるものではない。6年生の「バス・リーダー」の子どもからは自信と誇り，下級生の子どもたちからは「バス・リーダー」に対する信頼と憧れが感じられた。子どもたちには，自分たちの生活を，自分自身のために，自分自身で生きているという感覚が溢れている。

　子どもたちは，人間として豊かに育つ道を歩んでいる。

 学習能力の高さ

　3，4年生の「鳥博士になろう」では，次の点が感じられた。

　第一に，説明内容を，自分自身で理解し，他者にわかるように表現を工夫している。「鳥にも肉食と草食がいる」など，恐竜の分類を適用している。また，くちばしの特徴を彫刻家などの職業にたとえている。説明文を丸写し・棒読みするのではなく，他者にわかってもらうことを意識して，自分なりの理解をくぐらせている。

　第二に，図鑑が手段として利用されている。観察で見つけた特徴を確認する，その特徴の意味を知る，次の観察の観点を得るために使われている。また「絶滅危惧種」という言葉の意味を確認するために，国語辞典まで持ち出している。子どもたちは自分自身の課題をしっかりと自覚し，課題を追究する必要性から図鑑や辞典を活用している。明確な目的に導かれて情報を集め，自分の追究の筋道に従って図鑑を活用できている。そのため，ある子どもは，「シマエナガがチチチと威嚇して鳴くのかと思ったけど，警戒心が強いのになぜ威嚇して鳴き声を出すのか不思議です」と，図鑑を読み，追究を先へと深めていく疑問を見つけ出している。

　第三に，大人にしっかりと説明ができる。作業について質問すると，自分が何に，どのように，何をめざして取り組んでいるのかを，筋道立てて説明できる。ここからも，自分の課題に，自分のために，自分で取り組ん

でいるという意識と自信の育ちが感じられる。
　学習に取り組む意欲と能力はきわめて高い水準に育っている。

豊かなつながりの実感

　森の活動で，子どもたちは諸感覚と心をフルにはたらかせている。彼らは，森の木々や自然にはたらきかけて，そこから豊かな感覚と感情を反応として受け取っている。密度の濃い体験がなされているのだ。自然の中での身体全体を使っての密度の濃い体験が保障されることによって，子どもの身体的な活力は十分に発散されている。

　そして教室において，それぞれの感覚や感情を言葉によって，あるいは絵や音楽などによって表現し，伝え合う活動が行われる。自らの感覚や感情を言葉で表現することにより，それに基づいて子どもは自分自身を反省し，客観化して知ることができる。そして，自分がどうあるべきか考えることができる。また，言葉によって他者と相互の感覚や感情について理解し合うことによって，他者に対する信頼感が形成される。そして，自分や他者の存在を肯定的に受け入れることができるのである。

　子どもは，自然世界との豊かな相互作用を通じて，豊かな感覚や感情に満たされ，それが他者とのかかわりを通じて肯定されることによって，自然世界や人々とのあたたかく豊かなつながりの中で自分が生きていると実感できる。このようにして，子どもたちの心に安心感や自己肯定感，他者に対する信頼感や思いやりが生み出される。

　駒岡小学校では，子どもたちにとって，森は，豊かな感覚や感情に満たされる場であり，教室は自分の感覚や感情に向き合い，それを言葉で表現し，相互に伝え合い理解し合う場となっている。森での活動の価値が，教室での言語活動や表現活動とつなげられて，子どもの生き方の成長として具現される。このような学習活動から，自信と思いやりに溢れた自律的な生活態度，学ぶことへの高い意欲と能力が育てられている。

環境を生かした全人教育

　駒岡小学校では，教師たち自身も協同的にこのような教育活動を楽しんでいる。森という自然豊かな環境の中で，それを生かした全人教育が豊かに行われている。

藤井千春

森の学校

自分ごととして探究する授業
～宮城県仙台市立広瀬小学校の取り組み～

❶ あいさつ

　授業を拝見する教室に行くのは，お迎えが来るから待つようにと言われた。やってきたお迎えの二人は，濡れた髪をしていた。前の授業がプールだったという。「何メートル泳げるの？」「何泳ぎが好き？」などとおしゃべりしながら歩くと，階段を昇り切ったところで前を歩くお迎えがチラリと後続を見た。こちらの取材側は五人。後ろ二人が話に夢中で階段をまだ半分も昇っていない。すると一人が連れに（止まって！）の合図をした。もう一人の少年も後ろを見てすぐ了解，立ち止まる。

　後ろがついてきていないのを見て（大した開きではないとはいえ），追いつくまで待つことを瞬時に決めた二人。その配慮にハッとした。大人でもその気配りが瞬時にできるかどうか。少年たちはまだ二年生。「立派！」と感嘆した。

　後のことは驚きはしなかった。なぜならば，前回の取材で子どもたちに出会っていたからだ。前回驚いたのは，子どもたちが気軽にあいさつをしてくれることだった。休み時間はもちろんのこと，授業中の教室でも「こんにちは」と言われることにびっくりしていた。例えば４年生の授業では，クラス全員が各班の集約した意見を見るために室内を動き回っていた。わたしもその流れに加わると，誰かが「こんにちは！」と笑顔で言ってくれるのだ。３年生のクラスでは，一人ひとり書き込みをしている机の周りをうろつくと，書いているノートから顔を上げて「こんにちは！」がやってきた。「見られることに慣れているというのか，他人に親しみやすいというのか…」と驚きつつも，（あいさつは大事と）改

▲登校時のあいさつ

026

めて知らされる感だった。印象がとたんに好ましくなるのを止められない。全児童 600 人を超す規模の学校で，どの学年でも見られるこのあいさつは驚きだった。

❷ 「育ち」の手ごたえ

　この小学校は，宮城県仙台市立広瀬(ひろせ)小学校〔眞壁淳一(まかべじゅんいち)校長　2015（平成 27）年度児童数 616 人〕。杜(もり)の都と冠される仙台市の，都市でありながら緑の多い印象をもたらす中心部から車で 40 分ほど離れた郊外に位置する。緑は一旦さらに濃くなるが，中心部を離れるに従い新しい住宅街が現れてくる。実際，広瀬小学校は明治時代からつづく古い小学校であるものの，近年周囲の宅地化が進む中で児童数が増えつづけているという小学校である。そのため，2009（平成 21）年に愛子(あやし)小学校として分離がなされ，広瀬小学校は現在の各学年 3 クラスずつに落ち着いた。

　校舎は行き来の多い国道から近いが，全教室が校庭側に面し，さらにその向こうに広瀬小学校に添い寝するようになだらかな丘のような山，蕃山(ばんざん)が横たわる。どの教室の窓からも常に蕃山が目に入るのだ。6 年間四季折々の姿を目にして，子どもたちの心に残る母校の風景となるという。

　眞壁校長はこの 4 月に広瀬小学校に赴任してきたが，来てすぐにここの子どもたちの応対に面食らったという。

　「仙台市内ではどこの学校でも協働目標といって，保護者，地域と一緒になって子どもを育てようという目標の一つがあいさつなんです。例えばちゃんと目を見てあいさつする割合を 70％にしようとか，目標値を決めているんです。でも，こちらが『おはようございます』と言えば，『おはようございます』と返ってきても，自分からあいさつをなかなかしないというのが現実なんですね。あるいは，『おはようございます』は言えても，『今日も元気そうですね』などと次の声をかけると，もう黙って行ってしまう。つまり，「おはよう」は言うけれども，実はあいさつで会話が生まれ，そこに人間関係が始まるというところまでは育っていないというのが実態ではないかと思うんです」

▲校舎から蕃山を見る

これが，広瀬小学校は大違いだったというのだ。

「わたしが廊下を歩いていると，ちゃんと立ち止まって『校長先生，お はようございます』と向こうからあいさつが来るんです。『なんて立派な あいさつなんだろうねぇ』と言うと，『ありがとうございます』が返って くる。『今日も元気なあいさつですね』と言うと，『はい』が返ってくる。 会話になるんですね。これはちょっと違うんですよ」

ああ，と思いあたった。単純に子どもたちのほうからあいさつされるこ とがうれしかったが，それは「会話や人間関係の始まり」を子どものほう からはたらきかけてくれたように感じられるからか，と合点した。しょっ ちゅう授業見学に出かけるという眞壁校長は，その日のわたしのように子 どもたちからのあいさつや，手を振られることに相好を崩していった。

「仲間の一人として迎え入れようとする心のあたたかさと言うんですか ね。それをヒシヒシと感じます。これは広瀬小でないと味わえないもので した」

この子どもたちの状態を「生活面での力がものすごくついている」と評 し，それこそが，広瀬小学校が培ってきた生活科・総合的な学習の時間の 充実のおかげではないかと感じたと言った。

広瀬小学校は，2007（平成19）年度から8年間，生活科・総合的な 学習の時間（以後，総合）を学校の特徴としてすべての授業の中心と位置 付けて歩んできている。他の学校から異動してきて広瀬小学校の総合に取 り組んだ先生方も含め，その積み重ねの実感として先生方から真っ先に出 てくるのは「子どもたちが生き生きする」である。面白いのは，この一言 を発するとき，先生ご自身が必ずキラキラっとなることだ。そして，あい さつに代表される子どもたちの人に対する力（人間関係を築く力とでも言 おうか）が育っていることは，何十％と数値に表すことはできなくとも， 「ここの子たちはちょっと違う」と感じさせる。地域からの「広瀬小の子 はすごい」という評判がそれを物語っているという。

❸ クラスごとの取り組み

総合を広瀬小学校の特徴とするようになったのは，前述のように 2007（平成19）年度である。その年，文部科学省の「学力の把握に関 する研究指定授業」を「生活科・総合的な学習の時間」で受けている。そ

れを契機に，公開授業やオープン授業研究会などと一貫して生活・総合を重点的に研究する流れを継続させている。

　そんな中で，さらに「総合の広瀬」となる転機となったのが，「クラスごとの総合の授業」にシフトしたことである。2013（平成25）年度に一部試行し，手ごたえを感じて2014（平成26）年度から全クラスが単独のテーマで動くようになった。1・2年生の生活科は，教科書を参考に行う単元はクラスが違っても共通だが，その展開のさせ方は各担任が独自色を出して学年での統一を図ることはしない。ちなみに，学年ごとの統一テーマで進む総合が「当たり前」であることは先生方には常識だが，小学校とは縁のない人は知らない。そして，担任の先生が単独で総合を実施することが，先生方にとって高いハードルであることもまた，知らない。

　クラスごとの取り組みにシフトできたのには，二つの理由がある。

　一つは，転換するまでの6年間の総合重視で，子どもの「育ちと学び」の成果が実感されていたこと。前述のように総合で生き生きする子どもたちは，生活力や人間関係を築く力がつくだけではなかった。他の教科での学力の向上が表れてきていたのである。そして，重点的に行っていく中で「えー，今日総合ないの〜？」と総合の授業を心待ちにする子どもたちの取り組む意欲の高さは，その総合のテーマがどこまで「自分ごと」になっているかに大きく影響されると分析されていた。学年で一つのテーマよりも，クラスごとのテーマになったほうが，より自分ごとにしやすいと目されたのである。

　しかし，担任一人で総合を実施することへの不安と危惧は大きかったという。そこで各クラスの総合に全面的にかかわる専任の生活・総合コーディネーターの役職を設けることにした。それが，クラスごとに展開できるようになったもう一つの，そして大きな理由になる。

❹ 生活・総合コーディネーター

　広瀬小学校の初代生活・総合コーディネーターを任された副教務の鈴木美佐緒先生の仕事は，生活科と総合の授業全クラスのサポートに専念することである。具体的には，各担任と密な打ち合わせをして，どんなテーマで，どういう方向になるかの予測（広瀬小学校では子どもたちがテーマも方向性も決めていくので，あらかじめ教師が決め込んでおくことはできな

い。放置ではないので教師は予測力が必要)，その予測に応じて複数の対応策を練っておくこと。さらに，昨年は初めての試みであったので全クラスの授業に入り，授業の記録を逐一とっていった。そして，その日のうちに担任と子どもたちのやりとりを打ち出し，それを元に担任との振り返りをする。鈴木先生がすべての授業に入れるように，月曜日から金曜日までに振り分けて総合全クラスの授業が組まれた。

　サポートする先生たちは，新人から中堅，そして教師歴20年を超えた鈴木先生よりも先輩のベテランまで幅広い。だから，コーディネーターとして重要なことは「まず親しくなること！」と破顔一笑。よい授業をつくるには，担任の先生と子どもたちの様子をしっかりと見て，的確な指摘ができることは無論のこと，そのことが先生の心に届いて次に生かされなければならないからだ。

　そして，新人からベテランまでの信頼を得るために，授業の詳細な記録は大きな役割をもった。文字化されて再現された今日の授業を振り返ることで，教師の反応，発話がクラスの方向やムードをどう変えたのか。違う対応，発話，態度は考えられないか。子どもの発言や言葉にしない態度を把握していたか。これらは，厳しい現実にぶつかることもあるから，鈴木先生は振り返りの時間をなごやかに，前向きに進められるように工夫した。

　「テーブルクロスをかけて，おいしいお菓子とお茶を飲みながら」

　雰囲気や鈴木先生の態度はあくまでも柔和に，しかし，事実をしっかりと見る。これを繰り返していった。全クラスに。その記録はすべてファイルされ，誰でも閲覧できるように，今後の授業に活用できるようにされている。

▲コーディネーターと授業者による
　振り返りの時間

　総合の授業以外の教科は，すべて教えることが決まっているし，「指導」することが教師の役割だが，総合はこれがまるで反対のような役割を求められる。教師は指導するのではなく，子どもたちの自主性や考える道筋や進み方をいかにバックアップするか，という役割に転じなければならない。頭ではわかってい

も，長年の習性として「指導」になってしまうことは想像に難くない。

　言うならば，教師の性となっている「指導」的な立ち位置を総合の時間はスパっと切り替える必要があるということになる。もともとその切り替えがうまい人も，得意な人もいるだろうが，訓練である程度できるようになっていく，と鈴木先生は言う。それが，クラスごと総合を１年やってみての実感だそうだ。

　全クラスにそれだけの準備とフォローに徹するコーディネーターの負担はいかばかりかと問うと，「授業の前日の夜遅くに『先生，明日の授業のことで話したいけどいいですか？』などもあるんですけど，うわぁとか思っても，もうねぇ。『いいよ，いいよ〜』って言います（笑）」

　不安や苦手意識を抱えていた先生たちが，実践するにつれ総合の醍醐味を感じ出すのは，子どもたちがそれによって生き生きしていくからだ。鈴木先生は教師と子ども双方が変化していく様子を見ることが好きでたまらない，ということが伝わってくる。

　「『あの子がこんなこと言った！』と（感動で）泣きながら職員室に戻ってきたりしますよ，みさお先生は」と眞壁校長のセリフを思い出した。サポートの仕方はいろいろあるだろうが，自分だけですべてをやらなければならない，と責任と不安が重くのしかかることで本来もつ授業の真価が阻害されてしまうとするならば，サポート役の動き方は重要なカギになるに違いない。

❺ ２年がかりの総合〜６年１組 総合的な学習の時間①

　2015（平成27）年度の６年１組（担任角田麗圭教諭　児童数36名）は，広瀬小学校でも初めての２年継続のテーマでの総合を行っている。『続・集結せよ蕃山守レンジャー』と冠した取り組みである。『集結せよ蕃山守レンジャー』は昨年５年１組が実施した総合で，そのときの担任が角田先生だった。そのまま６年１組にもち上がったのならば不思議はない。しかし，クラス替えがあったので，６年１組は全員が『集結せよ…』を前年に実施していたのではないのだ。

　「新学期初めにみんなで話し合うんですが，５年生のときの総合をそれぞれが発表したら，他のクラスだった子たちが１組の『集結せよ…』を継続しようよと言って，今年もそれを継続しようと決まっていったんで

第１章　森の学校編

す」と角田先生。

　昨年の5年1組の活動は，蕃山の一角にある『ホタルの里』に再び人の賑いを取り戻し，地域の人から愛される場所にすることをめざして取り組まれた。「愛される場所」にする理由は，投げ捨てられる多くのゴミ問題だった。当時，『ホタルの里』には実に様々なゴミの不法投棄が後を絶たなかったという。『ホタルの里』は1・2年生の生活科で訪れている場所で，なじんだ場所の荒れた様子は，5年生に「何かしたい」という気持ちをもたらした。

　もともと『ホタルの里』は地元の建設会社が造設したもので，創設からずっと心血を注いできた人がいた。その方が相澤巧夫さんという方であることを調べた角田先生は，昨年の授業の現地視察の最初に偶然を装って子どもたちが相澤さんと出会うしかけをした。

　「事前に相澤さんとお話をしたんですが，地域に対する熱い思いをおもちの方だったんですね。それでわたしも相澤さんとともに地域を大切にしようとする子どもたちを育てたいと思って。実はそれまで苦手意識のあった自然系の総合に取り組むのはちょっと…とためらっていたんですが，相澤さんと出会って変わったんです。子どもたちも，本当にスイッチが入ったのは，相澤さんとの出会いからでした」と言うように，地域の自然をコツコツと地道に継続して守ってきた大人の存在が，子どもたちに火をつけたという。

　その大きな理由の一つに，相澤さんが2011（平成23）年の東日本大震災の復興の仕事でここを離れざるを得なくなっていたことがある。『ホタルの里』にかかわれる物理的な時間が激減してしまい，熱心な維持管理者が不在となった結果，ゴミの不法投棄につながっているらしいことが見えてきた。また，見られるホタルの数も年々減ってきているという現状もある。そのことに誰よりも心を痛めていた相澤さんの話が，子どもたちの心に深く入ったという。

　「何でゴミを捨てるのか？」と5年生は話し合った。結論は，前述のように「親しまれていない，愛されていない」ということがあると分析した5年生は，ベンチや看板の設置やクイズを楽しみながら『ホタルの里』について知っていく，などのアイデアを材料の調達から制作と積み重ねていった。わからないことがあれば相澤さんに連絡をとり相談する熱心さ

は，相澤さんにもうれしいものだったようだ。どこで仕事をしていても必ず子どもたちの電話に出てくれ，一緒に考えてくれたり，小まめに資料を送ってくれたり，時間をつくって様子を見にきてくれたりした。

▲ホタルの里の入り口を示す案内板

　だが，その成果を集大成として相澤さんに見てもらおうというお披露目の日，厳しい現実に直面する。出かけた『ホタルの里』には，新たなタイヤの不法投棄が積まれていたのだ。子どもたちは落胆と，それまでやってきたことは何だったんだ！？という気持ちを味わい，怒る子もいたという。しかし，その後の話し合いの中で，「これで終わりにはしない」という新たなやる気が子どもたちから出てきた。5年生は終わってしまっても，『ホタルの里』を愛される場所にすることはやめない，と子どもたちは期して6年に進級していったのだという。そして，新生6年1組で「それ，自分たちもやりたい」と賛同されて2年がかりのテーマとなっていった。

❻ 子どもが主体〜6年1組 総合的な学習の時間②

　夏休み目前の6年1組 総合的な学習の時間は，『調べたことを報告し合おう』というテーマで始まった。このテーマも，子どもたちが発言して，先生は言葉を拾って板書していく中で決められていく。先生が「報告し合おう？これでオッケー？」と確認すると，「オッケー」と複数の声があがって本日の授業がスタートした。

　「じゃ，それぞれ自分の分野で調べていたと思うので，ここでお互いに『へー，そうなんだ』と新しい発見ができたら夏休みにさらに深い研究ができると思うので，いろいろ伝え合ってみましょう。じゃ，机を真ん中向けて」と先生が言うと，前を向いていた机をガタガタと動かし，教室の左側と右側が真ん中で向き合うような形がつくられた。広瀬小学校の特徴で，子どもどうしの話し合いはこの向かい合うというスタイルである。

　報告し合う時間を決めるのも子どもたち。この日は8分と決まると，「じゃ，どんどん教えてください。しゃべっていいんだからね」と言う先生の声であちこちからぶつぶつと交わされる声があがる。耳を澄ますと，

確かに子どもたちは調べたことについて情報交換をしている。しかし，誰かが議事進行役として前に立つわけではないので，唐突な「しゃべっていい」にやや面食らっていると，一人の子が立ち上がって発言を始めた。まだそれに気付かずにあちこちでの話し声にかき消されて，よく聞こえない…と思ったら，「あかりちゃんが話してるよ！」と近くの子の大きな声があがった。瞬時に静かになり，あかりちゃんにみんなの視線が集まった。

　「ヘイケボタルはカワニナだけでなく，やごとか，おたまじゃくしとか食べるから，少し汚い水でもいいことが書いてありました」と言うと「へ～」と複数の驚きの声があがる。するとこれを皮切りに次々と立ち上がって発言がつづいていく。

　「みんなビオトープをつくるときに水を引いてくることが多いんだけど，漏水して水をためることが難しいらしい」

　「さっきあかりちゃんが汚い水でもいいって言ってたんですけど，書いてあったのは水がきれいじゃないとビオトープではないとあって，で，デザインが一番大切だと書いてありました。だから，汚い水でつくるのはやめたほうがいいと思います」

　「ホタルの幼虫 50 匹に対して，カワニナが 1250 匹必要だということがわかりました」

　「無理」「ムリだね」「むり」の声があちこちから出る。「1 匹に 25 匹だ」

　なるほど，司会が不要なことが見えてきた。彼らは，自分たちでどんどん発言しながら自動的に進めるやり方をしているのだ。

　無理，の声でややネガティブな雰囲気になりかけたところで，「そんなにいるんだねぇ」と角田先生は口をはさみ，「他には？ホタル関係で調べてた人とか，水もいたね。ビオトープはきれいな水ということが条件なんだね。他にもいろんな条件を書いていた人いたよ（前回提出のノートを先生はチェックしている）。教えてください」と少し舵をきる。

　ビオトープのつくり方，維持管理の問題，引いてくる水の問題などがあちこちから出る中，水質の維持が困難な話が繰り返し出だす。すると「（水質維持）そのためにどうすりゃいいかってことだよ！」と大きな声が発せられた。それを受けて再び角田先生。

　「そうだねー。こういうのがあるんだよ」と映像を映し出して，水質調査ができるキットの紹介をはさんだ。

子どもたちの話の流れのところどころに先生が一言をはさんだり，打診をしたりして別な意見の呼び水を引き出すので，正確に言えば先生が進行役になってはいる。しかし，子どもたちは先生の反応を待ったり伺ったりはしていない。子どもたちどうしで確かに話し合いは進んでいた。

▲話し合う子どもたち

　さて，そんなふうに話し合いがつづくうちに，「われ関せず」というような風情をまとう子が数人目についてくる。そこだけポツッと穴が開いているような，温度差があるような雰囲気が漂うからだ。すると，角田先生がある子を指名した。まさにその雰囲気をまとう子だった。

　「何にもないの？ 2時間も調べてたけど」

　ふいをつかれた少年は，しばし固まって黙っていたが，「…かぶってるから…」と小さい声で答える。

　「かぶっていても自分の意見は言う！」とそれまでの柔らかい語りかけとは異なる，宣言のようなはっきりした言い方を角田先生がした。怒っているのではない。明言した，という感じである。それに促されるように少年は話し始めた。

　「えと，ホタルのビオトープをつくるときに水漏れする原因は風で飛んでくるものが多いとありました」とややバツが悪そうに言った少年に，「かぶってないよ」と隣の少女がニッコリ言った。フォローしているように見えた。

　その後も積極的に発言するわけではなかったが，先生ちゃんと見てます，という姿勢の指名は，教室に生じる温度差を緩和する効果をもたらした。

7　積み重ねの意味〜6年1組 総合的な学習の時間③

　話し合いは，子どもたちの発話のやりとりで基本的に進んでいく。しかし，こんなふうに先生の一言が小さな展開や，少数の圏外にいる子を流れに引き込んでいくと，クラスは「みんなで参加する」というまとまり感ができていく。その後もビオトープをつくることの困難さ，維持管理の難し

さ，全国でホタルを守る活動をしている団体の報告などが織りなされていった。

「こういうふうに洗い出してみると，いろいろ考えることがあると思うので，書いてみよう。自分の思っていることを出してみてください。思ったこと正直にね。無理なんじゃねぇ？でも，いや，できないとは決まってない，でも，正直な気持ちをね」と全体での話し合いから一人ひとり内側へ向く時間に変わった。活発な発言や，あちこちで交わされる会話がやみ，カリカリと鉛筆を走らせる音が響く。まるで魚の群れが右に左に瞬時に方向転換しながら，形は変わりながらもまとまりは崩れずに動くのに似ていた。

しばらくして，「まひろちゃん，具体的に自分で手順書いてたね。ちょっと読んでくれる？」と角田先生に指名されたまひろちゃんが立つ。

「ビオトープをつくるには障害が多かった。わたしたちだけでつくると失敗する可能性があったから，わたしたちだけでつくるより専門家の人たちとつくったほうが成功しやすいと思う。でも，その前に水がきれいかどうかを調べなければいけないので，わたしは夏休み中，ホタルがすみやすい環境をもっと調べてカッパダ川の水がきれいかどうか，もし汚かったらどうすればいいかを調べてみたいと思います」

「はい，ありがと。具体的に書いてくれたね。一方，こういう意見もあるよね，そうた君」

名指しされたそうた君は，「え…」と渋る。

「そういう意見も大事」と先生が励ます。（何だろう？）と思っていると，そうた君はためらいがちに発表した。

「今日話し合ったことに対して，自分はビオトープを自分たちでつくるのは無理だと思う。なぜなら，ホタルの好物のカワニナがホタル1匹につき25匹も必要だったら無理だと思う。しかも，ビオトープは常にきれいな水にしておくメンテナンスは小学生ではできないと思った。無理にビオトープをつくってもホタルや他の生物を死なせてしまいそうなので，今の状況ではビオトープをつくるのはやめたほうがいいと思い

▲話し合い　後　自分の考えに集中

ます」

「ほー」「なるほどー」とこの日最も大きいどよめきが沸いた。

「自分たちがよかれと思ってやったことが，逆に命を消してしまうんじゃないかとそうた君は考えたんだね」と角田先生。

「そういうことあるよねー」と相槌が出る。

「一回失敗してるからね。簡単なことではないから。でも，いいよ，いろいろ考えて，ゴールは決まってないから，あなたたちの考えで方向が決まるんだから」と角田先生。

クラスでは，『ホタルの里』の池からホタルの幼虫と推測して，相澤さんの許可を得て教室に持ち帰り飼育をした。ところが，興味が強いあまり，みんながかまううちにその幼虫は死んでしまう。死ぬ直前，その幼虫がトビケラらしいと判明し，池に戻すかどうか話し合い，トビケラの生態がきれいな水を好むということでこのまま飼育してみようと決めた直後の事件だった。大きなショックを受け，「どうしてこうなったのか？」の話し合いがもたれている。泣く子，怒る子，ケンカにまで発展しながら，「この失敗を生かす」とみんなで結論にもっていったのだ。それをふまえての発言だった。

ビオトープをつくるのは難しいし，今は『ホタルの里』に集中したい。そして『ホタルの里』がもっとホタルのいるところにしたいからホタルを増やしたいという発言の次には，ホタルを増やすことは難しいことだからやはりビオトープをつくりたい，そのためにきれいな水にしておく仕組みを調べる，などと，相反する両方の意見が発表されるように指名していく。

聞けばどれももっともで，考え方は確かにいろいろあることを繰り返し実感することになる。そうやって，何度もいろいろな意見を聞き，でも必ず最後は「自分は…」と自分の考えをつくっていく繰り返し，その積み重ね。幅広く人の意見を聞き，その中から自分なりの意見を練ってつくっていくというプロセスが展開されていた。

⑧ つぶやきの重要性

授業中，子どもたちは周りの子どうしで情報交換をしていたが，改まって誰かが発言をすると，ちゃんと聞く態勢に切り替えられる。そして，そ

の発言に「へー」とか「なるほど」とブツブツいろいろな反応が出る，という形は特に印象的だった。

聞くと新学期の時点では子どもたちは大変おとなしく，先生の話にも返事もリアクションも乏しい，という状態だったという。

「『へー』とか，『うーん』とか，どんなリアクションもないんです。今はすごく出るようになりましたが。わからなかったら首をかしげるとか，それも悪いことじゃないんだよ，とにかく誰かの発言に反応を返すことが大事なコミュニケーションなんだから，ちゃんと反応してね，と言っているんです」と角田先生。

話すことは大事だが，実は，「話す」は話者だけで獲得することは難しい。相槌を打ってくれたり，反応してくれる「よい聞き手」によって育てられることを，角田先生は強く意識していた。

「『うんうん』と聞いてくれたり，うなづいてくれたりと，リアクションがあれば話したくなりますよね。それが何のリアクションもなければ，強い意見をどんなにもっていても言いたいとは思わなくなると思うんです。だから，リアクションは大事，と言っているんです」

それを聞いて，「あっ」と思った。この日のテーマや時間も，先生が「どうする？」と水を向けたことに対してあちこちからのつぶやきを先生が拾い，みんなのそれに対する反応を見ながら板書して，それを全員が共有する形で進む方向が決まっていたことを思い出した。あたりまえに子どもが反応するかといえば，実はそんなことはないのだ。日ごろから子どもたちの活発なつぶやき，人の発言に対するリアクションが奨励されていなければできない。静かに黙っていることが絶対とされていた自分の時代を思い出した。

そういうリアクションをするよい聞き手に育つには，週に2時間の総合的な学習の時間だけでは無理で，どの授業でも子どもたちが反応を積極的に出せるクラス運営に心を配っているのだそうだ。

❾ 一点突破

昨年度，5年1組がお披露目のときに新たな不法投棄にぶつかるという現実があったように，6年1組もまた，自分たちの希望や意欲とは異なる現実に向き合うことが多々ある。例えば，最近終わった『ホタルの里』で

のイベントでも，訪れた人たちのアンケートでは「もっとホタルが見た
かった」「昔はたくさんいたのに残念」などの反応にぶつかった。しかし
角田先生は，「自然はいいね」「ホタルってきれいだね」では済まない様々
な現実に子どもたちがぶつかることから生まれる学びを重視したいと考え
ている。

　『ホタルの里』に取り組むことに火がついた相澤さんとの出会い。会社
の意向があるとはいえ，自分の手でホタルのすむ自然を整備し，それを地
域の人々の役に立てたいと大事に育てていながら，震災によってかかわれ
なくなった現状，悔しさを抱えていることを知ったとき，子どもたちには
強烈な印象をもたらした。その後のかかわりで「相澤さんの役に立ちた
い」という思いが深まり，子どもたちに『ホタルの里』に関係することは
みな，「わがこと」に感じられるようになっていたという。

　眞壁校長は，子どもの学びは，それがいかに自分にとっての必要，必然
性になるかによって深くも浅くもなると語った。

　「題材があって，それを学んでいくところで地域に根ざし，人の生活に
根ざした実生活に役立つ知識というものがある。例えば，学びの中で，
じゃあグラフ化してみようかとなったとする。そのときに『グラフってど
う描くんだっけ？』と，算数で学んで印象に残らなかったとしても，ニー
ズが出て初めて『あれ？習ったことあったような…』と，そこで初めて実
生活に役立つ知識として学習が振り返られて学び直しが起こると思うんで
す」

　自分ごととなることで，教科書に書かれていた文字はただの文字の羅列
ではなくなる。立体になって浮き上がってくるように感じられるかもしれ
ない。自分が育ち暮らす地域で，様々な大人たちとのかかわりをもちやす
い生活科や総合的な学習の時間で，「自分ごと」化させられれば，「これは
どうしたらいい？」「こうするためには何が必要だろう？」と考えをめぐ
らし，そこで使える「学んだこと」の活用が様々起こってくる。そこで他
の教科が「学び直し」される機会がたくさん生まれる。国語も算数も理科
も社会も，実は机の上だけのオベンキョウではなく，「日々の暮らしで使
うものなんだ」と思えたとき，その学びはどれほど血肉になることだろう。

　この流れを，『一点突破』と広瀬小学校では呼ぶ。生活科・総合的な学
習の時間を重点的にすることで「育ち」を広げ深めるとともに，そこから

第1章　森の学校編

039

他の教科全体に学び起こしが展開される，と位置付けているのだ。地域の大人たち，自然，仕事，自分たちの暮らしに根ざすあれこれ。学校がそれらとしっかりつながり，子どもたち自身の必然性になることを意識し，さがし出そうという姿勢でいるとき，「学び」はどれほど現実味をもつことだろう。生きていく中で活用できることを確かに学んでいるという実感は，学ぶことを面白く，有意義にするに違いない。うらやましい。

単元の主な流れ（実践経過と計画）【70 時間】

月	探究の過程	「問い」と「探究のプロセス」	児童の探究を支える手立て	評価
4		今年のわかばタイムでは，何に取り組もうかな（2 時間）		課①
	課題設定	①前年度までの自分たちの取り組みを振り返る。 ②今年，学級で取り組みたいことについて考え，活動の見通しをもつ。	・前年度，取り組んだ内容のみではなく，現段階の自分たちに身についていると考える力や，足りない力についても振り返らせ，今年度どのような力を伸ばしていくかを明確にする。	
5	情報収集 整理・分析	ホタルの里に，ホタル（幼虫）はいるのかな（6 時間） ①ホタルの里にホタル（幼虫）はいるのか調査に行く。 ②調査の結果，気になったことを話し合う。	・表面的な調査にならないように，ホタル（幼虫）の存在に焦点を当てて調査を行わせるため，前年度からかかわりつづけている相澤さんに一緒に来てもらう。	か①
6	課題設定 情報収集 課題設定	③ホタルの幼虫を育ててみる。 ④ホタルの育て方について調べる。 ⑤ホタル観察会に協力するために，準備をする。	国語「問題を解決するために話し合おう」（3 時間） ・育て方にだけ意識が向かないよう，大切な命を預かっていることも指導する。 ・7 月に，ホタルの里でホタル観察会が開催されることを知り，自分たちに何かできることはないか話し合う時間を設ける。	
7	課題設定 課題設定 情報収集 整理・分析	ホタルの里に人を呼び込むため，自分たちにできることは何かな（17 時間） ①相澤さんの思いを確かめる。 ②分担して準備を進める（ポスター班・放送班・アンケート用紙班）。 ③ホタル観察会に行き，ホタルを見る。また，来客状況を調査する。 ④アンケートを集計し，実態を明らかにする。	・自分たちの思いばかりが先行しないよう，電話や FAX を利用し，主催者の相澤さんの「観察会」に対する思いを理解して準備を進めるようにする。 ・班ごとに分かれて活動するが，授業の始めと終わりには進捗状況を伝え合い，学級みんなで取り組んでいるという意識を大切にする。 ・夜の活動になるので，事前に保護者へ協力を要請する。 ・アンケートの中のマイナスの感想に目を向けさせ，自分たちが	課② 追① か②

040

8	情報収集	⑤夏休みに個人課題として調査してきたことについて共有する。	・予想していたものと違った声が届いていることに気付かせる。 ・蕃山のホタルの里を再生する必要性があることに気付かせるため，夏休み中に個人課題を設定して情報を収集させる。	
9	情報収集	⑥台原森林公園のビオトープを調査しに行く。	・ホタルが生息するビオトープを管理している「ホタルとメダカの会」の方の思いを聞く。	
10	整理・分析	⑦ホタルの里の課題を明らかにする。	・ホタルとメダカの会の方の話を聞く機会も設定し，環境整備が大切だということに気付かせ，新たな問いをもたせる。	か③

蕃山ホタルの里を再生するために，すべきことは何かな（30時間）

11	課題設定	①今後の活動の方向性を定める。	・学級全体で話し合う時間を設定し，「ホタルが生息するための環境整備」に取り組むという方向性をはっきりさせる。	課③
	整理・分析	②優先順位を考え，活動の整理をする。	・座標軸（思考ツール）などを使い，専門家からの情報収集の優先順位が高いことに気付かせ，どのような専門家に出会うことが必要かを考えさせる。	追②
12	情報収集	③専門家から，ホタルが生息しやすいビオトープについて情報を集める。	・東北大学の教授，定義山や新川のホタル愛好会の方など，様々な分野の専門家との出会いの場を設定し，ホタルの里をどのように再生させていくか，多面的に考えられるようにする。	表①
	課題設定	④理想のビオトープを明らかにする。	・コンセプトや自分たちの思いについて学級で共通理解を図る。	
	整理・分析	⑤蕃山ホタルの里を再生するためにすべきことを整理し，計画をたてる。	・限られた時間を有効に使うために，座標軸を使って今後の取り組みについて整理する。	
	まとめ・表現	⑥具体的な設計図を作成する。		

卒業までの残された時間で，守レンジャーとして何をしていけばよいのかな（15時間）

1	課題設定	①見通しをもって再生活動に取りかかる。	・春の守レンジャー結成のときのことを思い出させ，ふるさとを守るための再生活動であることを認識させ，限られた時間で取り組むべきことの優先順位を考えさせる。	
2	まとめ・表現	②これまでの取り組みを振り返り，個人でまとめる。	・これまでの取り組みを振り返り，守レンジャーとしての今後の生き方を交えて，個人でまとめさせる。	表②
3	まとめ・表現	③蕃山ビオトープリニューアル祝賀会を行う。	・これまでお世話になった方々へ感謝の気持ちを伝える機会を設定する。	生①

※評価欄の「課」は課題設定力，「追」は追究力，「か」はかかわり合う力，「表」は表現力，「生」は生き方を考える力を表す。

宮城県仙台市立広瀬小学校への提言
~わたしの視点~

「総合的な学習の時間」を柱としたカリキュラムの意義

「総合的な学習の時間」（以下，「総合」）では，子どもたちの興味・関心に基づいて総合的・教科横断的な学習活動が展開される。一般的には「総合」は，各教科で習得した知識・技能を活用した学習活動であると見なされている。しかし，重要なことは，「総合」での学習活動を通じて，子どもたちの「生きる力」を育み，それを各教科の学習での意欲の高まりにつなげることである。また，子どもたちを育てるという観点から「総合」をカリキュラムの柱として位置付け，学習指導と生活指導に統一的にその効果を波及させていくことである。

そのためには「総合」は，子どもたちが体験を通じて社会的に価値のある課題の達成を実感できるような，探究的・協同的な学習活動でなければならない。そのような学習活動を通じて，子どもたちは現実世界の中で生きる自分についての自信を深め，その中で有能に生きようとする意欲が高まる。それとともに，よりよく生きることを支え合う仲間とのつながりを意識し大切にするようになる。

学習指導と生活指導との統一

「蕃山レンジャー」は，森林学習のための教材としてだけではなく，「総合」の意義を生かすのに最適の教材である。蕃山の環境保護という地域で体験を通じて取り組むことのできる活動，相澤さんという子どもたちがその生き方にかかわり合うことのできる地域の大人，また，お披露目の日に出合ったタイヤの不法投棄という子どもたちの「新たなやる気」を引き出した現実など，子どもたちは現実世界の中で，現実の世界に挑戦し，現実の世界の中で生きる自分自身の存在を実感できる活動が展開されている。

また，このようにして展開される学習活動では，教室での子どもたちの話し合いの論点は具体性のあるものになる。だから発言者は友だちにわかってもらおうという意識で発言する。聞いている子どもたちも，発言者

の話に反応し，それについてしっかりと考える。そして，発言をつなげて考えを発展させようとする。自然と，相互がリアクションし合ってアクティブ・ラーニングが展開されている。学び合うという協同的な学習活動の方法が身につくとともに，このような学び合う関係性を通じて，子どもたちが共通の目標をめざして，相互にあたたかく支え合うという仲間関係が形成される。

　そのことは，子どもたちが自然にあいさつする姿や周囲を見て状況を考えて行動できる姿など，子どもの「育ち」に表れている。

「学級総合」の価値

　小学校の場合，子どもたちが仲間と育ち合うことを実感できる集団の規模は学級である。そのような観点からも「学級総合」が望ましい。学級を学習単位としてみんなで社会的な価値のある課題に挑戦するという学習活動が，子どもたちの「集団の教育力」を引き出して，子どもたちを学習面・生活面で育てる上で効果的である。

　しかし，その煩雑さから「学級総合」を忌避する教員も多い。

　その点で鈴木教諭のようなコーディネーターの存在は重要である。「学級総合」は，教員が「育つ」上でも意義がある。「総合」の学習指導は，子どもたちをしっかりと見て，子どもたちの育ちに即して展開することが求められる。そのような中で，教師の予想を超えた子どもたちの成長や可能性に出合うことも多い。子どもに対する理解力・対応力という教員としての専門性を高める上で貴重な経験となる。ある意味でいえば，教師が「学級総合」に挑戦し，教師も子どもたちと一緒に学ぼうとする姿勢が，子どもたちの生きること・学ぶことへの意欲を高めることになる。

　また，コーディネーターを媒介として，子どもについて語り合う教師間の関係が学校内に構築される。子どもについてうれしかったことや迷っていることなど，気楽に語り合い，考え合うコミュニケーションが生み出される。そのようにして教師たちの同僚性が形成される。「学級総合」は，決して教師がそれぞれ個別に取り組む学習指導ではない。逆に，教師たちが相互の指導方法について考え合うことにより，助け合い，支え合う関係が教師間に構築されるのである。

藤井千春

森の学校

森のない街の学校での森林教育プログラム
〜日本建築学会（東京都杉並区立荻窪小学校，杉並第八小学校）の取り組み〜

❶ 森がなければ森は学べない？

　2014（平成26）年8月。連日続く猛暑日の真昼，都心の青山外苑に小学生たちが集っていた。北は北海道，南は岡山県から12校。『学校の森・子どもサミット』（学校の森・子どもサミット実行委員会主催）のシンポジウムがそこで開かれたのである。

　学校における森林環境教育の活動の場を総称する表現として「学校の森」となっているものの，その「森」は幅広い場を指すという。昔ながらの「*学校林」や国有林の一部の協定エリアなど本格的な森はもちろん，校庭の植栽エリアや近所のささやかな樹林帯，公園など見方によっては「森」と呼ぶだろうか？と思われそうな場での活動（授業）も含むとある。どういう場所で，どんな森の活動が展開されているだろうか？思いをめぐらしながら小学生たちの発表を聞いた。

　前半6校が終了して休憩に入ったとき，思わず（うーん…）と腕組みをしていた。発表は，本物の森での活動ばかりだったからである。いや，唸るわたしがおかしい。『学校の森』のサミットなのだから，森で活動している学校が集まるのは当然だ。ただ，聞いているうちにふいに湧いた思いに激しくとらわれてしまったのだ。「日常的に森に触れられる学校は一体日本にどれぐらいあるだろう？」と。

　ごく限られている。森が身近にない多数派の学校からの，「わたしたちとは無縁の活動ですね」という言葉が聞こえるような気がして，勝手に落ち着かなくなってしまった。発表で，森とかかわる機会をもった子どもたちが受ける恩恵を聞くほどに，残念感が募っていた。

　森が近くになければ，森の恩恵に浴することは不可能なのか？

　そんな思いに一人とらわれていたわたしの隣で，天の配剤がはたらいていた。たまたま隣り合わせた女性二人は，日本建築学会に所属する建築士

だった。なぜここにいるかと聞けば，小学校での環境学習プログラムを実践していて，この会場でパネル展示をしているという。会場の後部に設置された彼女たちの展示を見に行くと，そこには森のない街の中で展開される森への小さな扉があった。

❷ 森への扉〜『木のパワーを探ろう！』

わたしの隣に座っていたのは村上美奈子さん（計画工房主宰）と藤野珠枝さん（藤野アトリエ一級建築士事務所主宰）の二人で，村上さんは〈日本建築学会子ども教育支援建築会議〉の学校教育支援部会のリーダーだった。杉並区と協働で学校施設を活用した環境学習プログラムを開発し，2008（平成 20）年から支援をつづけていた。総合的な学習の時間用にプログラムを組み，3 年生から 6 年生まで，「熱」，「風」や「光」などをテーマに 5 種類のメニューがある。「木」は 6 年生向けにつくられたもので，森林インストラクターの資格をもつ藤野さんがそのプログラム，『木のパワーを探ろう！』の開発担当だった。

このプログラム（P46 表 1）は全時間数 6〜8 校時（総合 6＋図工 2 オプション）で組まれている。学習のねらいは身近な「木」を通して，居住環境，地域環境，地球環境という重なりながらも異なる三つの視点で環境を学ぶことに置かれている。これらの三つはバラバラなのではなく，重なりつながっていることが実感できるように組まれているのが特徴である。具体的には次のような流れになっている。

1. 建物や家具・道具など，身近に木を使うことの利点を知り，木のよさに気付き，木に親しむ（居住環境）
2. 木材生産や木材を利用した仕事をする人たちがいることで，山林や里山が維持され，地域の生態系の保全，治山治水が行われていることを知る（地域環境）
3. 樹木や木材が蓄えている（固定している）炭素の量を計算し，地球環境の保全上の役割を知る（地球環境）

本格的な森に頻繁に触れられる学校は限られるが，樹木ならば必ず学校にある。サクラやイチョウ，ヒマラヤスギにメタセコイヤ…。日本の樹木とは言えない木や園芸種である場合も多いだろう。人によっては「それは森林環境教育ではない」と言う人もいるかもしれない。しかし，ここで大

表1　6年『木のパワーを探ろう！』プログラム例

時間数・教科	全6～8校時（総合6＋図工2オプション）	
実施時期	時期は問わない（例：9～11月）	
学習のねらい	・建物や家具・道具など，身近に木を使うことの利点を知り，木のよさに気付き，木に親しむ【居住環境】。 ・木材生産や木材を利用した仕事をする人たちがいることで，山林や里山が維持され，地域の生態系の保全，治山治水が行われていることを知る【地域環境】。 ・樹木や木材が蓄えている（固定している）炭素の量を計算し，地球環境の保全上の役割を知る【地球環境】。	
関連単元	1）総合：林業や木材にかかわる仕事を知るキャリア教育と連携 2）理科：呼吸・光合成・環境とのかかわり等と連携 3）算数：直角二等辺三角形・円の面積・円柱の体積の学習内容を，固定炭素量の計算に応用可能 4）図工：木工作と連携し，木材の性質とその工夫を知り，木に親しむことが可能 5）ほか　社会：5年林業　国語：コミュニケーション能力，「森へ」（天然林と自然の循環）　家庭科：快適な住まい	
内　容	**時間/教科**	**活動項目**
	1校時 /総合	●校庭の樹木と教室や学校内（家庭内）にある木製品や木製部位から，身近には木でできているものがいろいろとあることに気付く。また材料片を使ったゲームなどで樹種の違いを実感する。【居住環境】
	2校時 /総合 （キャリア教育）	●学校の近所や関係する「木材を扱う仕事または学校内装の木材に関係する仕事（林業家・製材所・材木屋・家具制作工房・工務店・大工など）」などの職業人から直接話を聞く機会をもち木材について学ぶ。【地域環境】
	1校時 /総合	●「日本の森と木と建物のつながり」を知り，考える。 ・木を建物や家具に使うことで，人工林が手入れされて，資源が循環することの意義を知る。【地域環境・地球環境】
	1校時 /総合 算数　理科	●校庭の樹木または校舎内の床や壁の木材の体積を測定・計算し，それらの蓄えている炭素量を計算してみる。【地球環境】
	2校時 /図工	●建築材料の木材（ex.壁板材）を使って工作する。 ・木の手ざわり・香りを感じ，木材のよさを実感する ・樹種と用途の使い分け ・節埋めや実矧ぎ，裏面の溝の加工の意味 　（居住環境ほか）
	1校時 /総合	●木を使うことの利点について，身の回りの環境，地域の環境，地球環境に分けて考え，発表し合う。

※節埋め…抜け節や死節をくり抜き，埋めること。実矧ぎ…板の接合法の一つ。

事なのは，日常では近付けない森への入り口をどうつくるか，にある。きっかけだ。子ども時代にそのきっかけに出合っていることで，子どもたちが先々で森とつながる可能性はぐっと広がるとわたしには思える。

　その点から考えたとき，学校の木々は子どもたちの日常に溶け込み，見

て，触れられる存在であることの意味はとても大きい。そういう学校にある樹木を使って，身の回りにあるけれどもまず意識されることのない木製品とそういう樹木のつながりを感じ，さらに遠い森へと思いを馳せる試みが建築家たちによってなされていた。

驚いたのは，全プログラムが他の教科との関連がしっかり折り込まれていることだった（P48 表2）。1年生から6年生までの全教科書をひも解き，何年生までに何を学んでいるか，それらの横断的な展開や既習事項の応用がどうできるかを建築家たちは調べて，「既習事項がここで活用できます」と提案されているのだ。先生顔負けである。

もう一つ大きな特徴は，これらのプログラムは「出前講座」ではないことである。専門的な内容を平易に体験できるように組み立てられているが，それは建築学会の面々が全面的に授業をするものではなく，先生たちが独自の授業ができるように支援するやり方になっている。先生の方針やそれぞれのクラスの，そのときどきの状況や子どもたちの個性，興味のありかによって，展開のさせ方は多彩になる。だから，先生たちとの事前準備や打ち合わせを重ねて協働して授業をつくり上げていくスタイルに真骨頂がある。スゴイと思うと同時に，「東京やその近郊は学会の方たちが行けても，地方では…？」と危惧も感じてしまった。率直に尋ねてみると，「各地の大学の建築科や建築士会という組織があるんですね。地元の設計事務所や工務店の人など資格をもつ建築士の集まりで，彼らのネットワークでどこでもできるようにつくっているんです」と村上さんは答えた。

混乱しやすいが，建築学会と建築士会は別組織である。雑駁な分け方でいけば，学会は建築関係の学術研究者，大学の関係者が主で，一方の建築士会は住宅はじめ実際の建物をつくる建築士たちの組織。だから建築士会は地域との接点が濃い。村上さん，藤野さんのように両方に所属している人もいれば，どちらかの属性をもたなければ一つにしか入っていない。どちらの組織が上とか下という関係でもない。

❸ エコスクールと学習プログラム開発

プログラム実施の発端は，杉並区がエコスクールと呼ばれる環境配慮型の校舎のモデル校として荻窪小学校〔佐野篤校長　2014（平成26）年度全児童数711人〕を新築したことだった。村上さんは杉並区に住まい

表2 「木のパワーを探ろう！」の他教科との関連例

		5 年	6 年
学習指導要領との関連	学　年	5 年	6 年
	教　科	社　会	社　会
	学習内容	(1) 我が国の国土の自然などの様子について，次のことを地図や地球儀，資料などを活用して調べ，国土の環境が人々の生活や産業と密接な関連をもっていることを考えるようにする。 ア．世界の主な大陸と海洋，主な国の名称と位置，我が国の位置と領土 イ．国土の地形や気候の概要，自然条件から見て特色ある地域の人々の生活 エ．国土の保全などのための森林資源の働き及び自然災害の防止	(1) 我が国の歴史上の主な事象について，人物の働きや代表的な文化遺産を中心に遺跡や文化財，資料などを活用して調べ，歴史を学ぶ意味を考えるようにするとともに，自分たちの生活の歴史的背景，我が国の歴史や先人の働きについて理解と関心を深めるようにする。 (3) 世界の中の日本の役割について，次のことを調査したり地図や地球儀，資料などを活用したりして調べ，外国の人々と共に生きていくためには異なる文化や習慣を理解し合うことが大切であること，世界平和の大切さと我が国が世界において重要な役割を果たしていることを考えるようにする。
	学　年	6 年	6 年
	教　科	理　科	算　数
	学習内容	B-(2) 植物の養分と水の通り道 植物を観察し，植物の体内の水などの行方や葉で養分をつくる働きを調べ，植物の体のつくりと働きについての考えをもつことができるようにする。 B-(3) 生物と環境 動物や植物の生活を観察したり，資料を活用したりして調べ，生物と環境とのかかわりについての考えをもつことができるようにする。	B-(2) 図形の面積を計算によって求めることができるようにする。 ア．円の面積の求め方を考えること。 B-(3) 図形の体積を計算によって求めることができるようにする。 ア．角柱及び円柱の体積の求め方を考えること。 C-(1) 図形についての観察や構成などの活動を通して，平面図形についての理解を深める。 ア．縮図や拡大図について理解すること
	学　年	5・6 年	5・6 年
	教　科	図画工作	家　庭
	学習内容	A-(1) 材料や場所などの特徴を基に造形遊びをする活動を通して，次の事項を指導する。 ア．材料や場所などの特徴を基に発想し想像力を働かせてつくること。	C-(2) 快適な住まい方について，次の事項を指導する。 イ．季節の変化に合わせた生活の大切さが分かり，快適な住まい方を工夫できること。 D-(2) 環境に配慮した生活の工夫について，次の事項を指導する。 ア．自分の生活と身近な環境とのかかわりに気付き，物の使い方などを工夫できること。

も事務所も構えている。これまでに杉並区での様々な街づくりや公共建築にかかわってきていた。荻窪小学校のエコスクール建築では，副委員長のポストにいた。そして，施設設計自体に多面的なエコ化を仕組むのは言う

に及ばず，施設を活用しての学習が展開できることを杉並区の施策の特長とすることに努力した。

　そこには，村上さんの長年の経験と希望があった。原点は，「建築の勉強は総合的に考える訓練に最適」という建築を学び始めたときの自身の気付きである。一面からは整合性がとれる事象が，別な面からは破綻してしまう，ということが設計にはたくさんあるという。「どちらかだけ」を考えるのでは何もつくれないから，常に多層的に考えることを繰り返すのが設計の仕事なのだ。

　「建築がさらにいいのはね，ただ考えるだけじゃないところなの。どんなに迷っても決めないとならない。だって，決めなければ建物が建たないもの」（笑）。総合的に考えることと，最終的には決断して形にするという現実的なトレーニングが建築の勉強には必ずついてまわるという。

　この学び以来，建築家になる，ならないは関係なく，建物や空間，街などについて考え，人と意見を交わすような授業が学校には必要だ，と村上さんはずっと思ってきた。それ故，建築学会の子ども教育に長年かかわり，自身が委員を務める街づくりや公共建築の会議などには常に子どもの参加をすすめてきている。しかし，いずれもイベントなどの一過性，単発だった。学校教育の中に入ることは長い間の念願だったのである。

　イベントでは誰もが経験することはできない。これが学校教育ならば，その学校の子どもたちはみんなが経験できる。しかし，学校への門戸は容易には開かなかったという。それが，エコスクールの建築推進をきっかけに「するするっと戸が開いた」というわけだ。

　建物を環境学習に利用することは校舎建築に組み込まれていたものの，先生方には「どうやったらいいの？」という不安があったという。そこで，新校舎建築中の2008（平成20）年に，これまで子ども向けに実践してきた温熱環境や，風の通り道などのプログラムを模擬授業して見せた。結果，新校舎では全学年で取り組みたいと要望されたのだ。

　こうして2009（平成21）年に新校舎に移り，最新のエコ装置

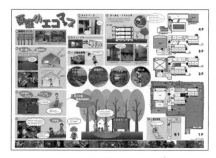

▲荻窪小学校のエコマップ

の活用の意味や昔から伝わる風の流れの生かし方まで，機器に頼るだけでなく，人がどうはたらきかけることでより快適に，でも，環境に望ましい形で過ごせるのかを学ぶ授業が本格的に始められたのである。この時点では，『木のパワーを探ろう！』はまだ開発されていない。

❹「木をきったらいけないのに，木を使ってどうしてエコ？」

　新校舎に移って先生たちが既存プログラムを実践するのをサポートする中で，サポート隊は先生たちから内装木質化についての戸惑いを聞くようになった。東京の多摩産材の壁や国産材合板の床もエコスクールの要素であるため，先生たちはそれを子どもに伝える。エコの理由は「温もりがある」とパンフレットに書かれている。「温もりがあるってことが，エコなのか？」と先生方も首をかしげていたそうだが，決定打は子どもからの質問だった。

　「木はきっちゃいけないのに，どうしてきって使うことがエコなの？」と聞かれたのだ。そのとき先生は，答えに窮してしまったという。そこから，木に関するプログラムの必要性が急浮上する。そこで，森林インストラクターの資格をもつ藤野さんが招集され，新規のプログラム開発が始まったのである。

　環境破壊とエコ，という二つの面が木の利用にはついてくる。「なんで？」という疑問が誰しも湧くことは学びにとっては使える。堂々，『木のパワーを探ろう！』のプログラムの入り口となっていく。

▲東京都からの多摩産材使用の証明書

❺ ギャップの利用
〜荻窪小学校 総合的な学習の時間 その1

　2014（平成26）年度の荻窪小学校6年生は4クラスあり，授業の内容と目的は四人の先生で共有しつつ，展開はそれぞれの先生のもち味が出る。4組の小林立己先生は社会科を得意としている先生だった。

「荻小の環境について勉強するシリーズ，これまでいくつもやってきました。今日から新しいテーマに入りますが，この間社会で江戸時代のDVD見たよね？どんな内容だった？」と冒頭投げかけた。着物や草履（ぞうり）といういで立ち，今とはまったく違う風景などの声が上がる中「全部リサイクルされていた」という指摘が出る。

「そうだったね。すごくリサイクルされていて，最後の最後どうなったっけ？」

「灰になる」「その灰を洗濯に使っていた」と子どもたちの声がつづく。

「そう。洗濯に使ったり，あと，ほら（頭をゴシゴシ）？」

「シャンプー！」と何人も反応した。

徹底したリサイクルでエコ社会だった江戸時代からワープして，「現代の荻窪小では，さて何がエコなんだっけ？」と振り返らせていく。最初から荻窪小のエコについて聞くよりも対比が効いている。四人組の班になるように，瞬時に机の向きを変えて話し合いが始まったが，この後もこのクラスのフォーメーションの変わりの速さに驚いた。だらだらとふざけ合いやおしゃべりで尾を引くことがないから，二人組の話し合い，四人組の話し合い，などがクルクルと回数多くなされた。スピード感があって，子どもたちはそのリズムにうまく乗っていく。

各班が一つずつあげた 30 種類近くある荻窪小学校のエコの特徴の中，終盤に「木材の利用」も出てきた。子どもたちからあがった内容は，荻窪小学校の特徴すべてを出していたので先生はおおいに感心し「すばらし〜い」とほめた後，「さて，これから勉強する内容も出してくれました。『木材の利用』がそれですが，どうして木を使うとエコなのかな？」と問いかける。

子どもたちの反応は，今度は瞬時というわけにはいかなかった。しばし沈黙の後「電気を使わない…」とか「日光を遮ってくれる？」という声が小さくあがった。立っている樹木と木材が混同するようだ。

パッと答えがあがらないことを見計らって，小林先生は「どうして木を使うとエコなのか？さあ，見てください！」と教室の壁をポンと叩き，「この学校は驚くほど木を使っていて，先生初めて来たときすごくきれいだと思いました。今までの学校ではありませんでした，こんなに木を使っている学校。じゃあ，他には身の回りでどんなところに木が使われてい

第1章　森の学校編

る？」と投げかけた。今度は一人ひとりワークシートに書き込んでから，着席順に全員でどんどん出していく。これまたテンポが速い。全員が一つ言っても37になる。「山ほどあるね〜」と確認してから，「どうしてこんなに木って使われているんだろう？」と水を向けると今度はいろいろ出てくる。

「木目がきれい」「使いやすい」「歴史がある」「涼しい」…関係あるのか，ないのか，とにかく次々に出てくる答えの中で，「育てられる」が出るとすかさず小林先生は言った。

「すばらしい！そう，育てられるんだね。だから，また育てた木が使えるんだね」と言葉を広げる。すると次には「二酸化炭素を吸収する」と出た。

「オー，出ましたねぇ。そう，木は二酸化炭素を吸収する…って，どうやって？」

「光合成…」「光合成で二酸化炭素を吸って，酸素を出す」との答えに小林先生はにっこり。

「すばらしい。理科で学びましたね。では，こんなにいろいろ使われている木って，どんなパワーをもっているのか，この次からもっと探っていこうね」と導入は終わった。

❻ 公式と現実
〜荻窪小学校 総合的な学習の時間 その2

身近にある木のモノ（大小様々）を想起させると，その種類も数も多いことに子どもたちは改めて気付いていくようだ。「なんでこんなに使われているんだろう？」とそれまで考えたこともなかった疑問が芽生えると，もう森への入り口に足を踏み入れた。

実は木（木材）と言ってもとても種類が多く，それぞれ色も手ざわりも重さも，見た目も驚くほど異なることを多くの人は知らない。このプログラムでは，同じ年数育っているのに太さの違う丸太の輪切りや，1ℓの牛乳パックに詰められた4種類の異なる角材，30種類にものぼる国産の木のトランプなど，普通の暮らしではなかなか触れられない本物の木の素材が登場する。同じ1ℓの角材でもスギとケヤキではまるで重さが違うことは，持てば実感できるが，ちょっと想像は難しいだろう。

1組の萩原直樹先生は算数を得意としている。『木のパワーを探ろう！』のプログラムの中でもっとも大がかりになり，学校の樹木を活用するのが「木の身体測定」である。学校の樹木を測定して体積を割り出し，それに係数（樹種によって決まっている）をかけてそれぞれの木が蓄えている炭素量を算出するのである。

　それまでの授業で，木の生長（太り）が太陽光を浴びられる多寡（樹木そのものの特性の違いもある）に影響されることを学んでいった子どもたちは，実際に1本の木が蓄えている炭素を測ってみるのである。これまでの『木のパワーを探ろう！』の授業のまとめを子どもとのやりとりで確認した後，

　「木って，どういうふうに二酸化炭素を吸収するのか？ということを今日は勉強します。はい，これ，どこの木かわかりますか？」と木の写真を黒板に貼る。「今日の朝撮ってきたの」と先生。「昇降口の前！」と大きな声が出る。「そうそう，昇降口の前にある木です。これって，何の木かわかる？」などとやりとりしながらこの木の体積を調べることで炭素の量がわかることを示していった。

　「じゃあ，そのためには何が知りたい？」と質問すると「底面積×高さ」「円周」と子どもたちからポンポンと出るのは円柱の体積の求め方だ。円周は幹を直接測ることができるのでそこから半径を割り出せる，というわけである。

　「OK，さて，これで測れそう？」とクラスを見回すと，何人もの子がうなづく。みんな「さあ，測りましょう」と立ち上がらんばかりである。

　「でもさ，高さって？あの木の高さ，どう測る？」と写真を指す。「ヘリコプター！」という即答に先生も子どもたちもドッと笑う。「いいねぇ，ヘリコプターからメジャー垂らして？むっずかしいねぇ。ねぇ，どうする？」と投げかける。公式として円柱の体積の求め方はバッチリ覚えている。でも，実際にその公式を「使う」となると，授業のようにただ数字をはめ込めばよいのではない現実にぶつかる。ここからが本番だ。

　木の高さを調べる手段を考えるために，まずは一人ずつ自分で対策を考え，その後班でそれぞれのアイデアを出して検討し，班の統一のやり方を決めることにする。その策を発表して，実際の測定をするのだ。各班，使う手段は様々だが，出てくる中心は縮尺だった。比を使うことで，実測は

▲実測中

できない木の高さを測ることに至っていった。

　各班が発表し終えると，それぞれの班で必要な小道具を先生に申請して，外に出る。写真を使う班，立体分度器を使う班，それぞれがそれぞれのやり方で比を使う実測のために校庭に向かった。

❼ 謎説き〜荻窪小学校 総合的な学習の時間 その3

　『木のパワーを探ろう！』のプログラム最終回は，4クラスが一堂に会しての「種明かし」である。1組の萩原先生が建築学会作成の「種明かしスライド」を使いながら，これまでやってきたことの全体像をつまびらかにしていく。140人近い子どもたちを前にしての授業だが，萩原先生は子どもたちだけでなく，他のクラスの先生にも問いかけをして"全員授業"にもっていく。

　ここまで，木について種類の違いが重さや色，手ざわりなどの違いをもつことや，光合成の蓄積で炭素として木に蓄えられている計算などをしたり，調べ学習で各自興味をもった点をレポートにしたりしてきた子どもたち。しかし，樹木が炭素を蓄えてくれていることを知れば知るほど，「やっぱりきらないほうがいいんじゃないの？」と思えてくる。内装木質化がどうしてエコなのか？　種明かしは，その真相に切り込んでいった。

　日本の森林の森林率67％。これは既習でみな知っていた。しかし，それが世界で2番目に高い森林率であることには驚く。そういう高い森林率の日本で，さて，自分たちの暮らす東京は？となると森林率1割ぐらいと思う子が圧倒的だった。実は4割近い森が特に東京西部に集中していることがスライドでわかっていく。

　国語で学んだ『森へ』の舞台は天然林だったが，もう一つの森，人工林があることを5年生の社会で学んだ林業と絡めて思い出させると，人工林の特徴が次々と映像で明らかになる。手入れがされている人工林とされていない人工林の写真は，明暗がはっきりしていて「暗いとどうなる？」「光合成ができない」と即座に返答。

　「そう，光合成」と改めて光合成のはたらきについて見ていくが，実は

この光合成で炭素ができていく過程は化学式が用いられるので中学生で学ぶ未知の内容になる。そこで萩原先生はたとえ話に転換した。

「光合成で二酸化炭素を吸収して木が太くなるとき炭素がためられるって，ちょっと食欲と似てるなって先生思ったんです」と。「食欲は若いとき旺盛で，高齢になると下がるよね，と今ならステーキ2枚ぐらい食べちゃえるけど，さて，80歳になったら無理。それは木も同じなんだよね」と図が出てくる。植林後20〜30年の頃に急な右肩上がりで二酸化炭素を吸収していた人工林が，その後ゆるやかに吸収量が下がっていく。

「さて，大事なのはここです。木は二酸化炭素を吸っていますが，自分もまた呼吸してね。つまり，二酸化炭素を出すこともしています。で，これを見て」ともう一つの曲線が加わる。こちらは木が吐き出す二酸化炭素の量の図だ。2本の曲線は50年，60年とたっていくとその差が小さくなる。すなわち，高樹齢になるほど1年間にたくわえられる炭素の量が少なくなる。

吸収量と吐き出す量の差が大きいのは，前述の吸収力旺盛な20〜30年の頃がピークになるのがくっきりとわかっていく。

「これがね，内装木質化がなんでエコなのか，の大ヒントなんだけど，今の時点でわかった人？」と140人を見回すが，臆しているのか手はあがらない。

「ではもうちょっと行きますね。こうやって木を使うよさって何かな？」とこのシリーズの最初にも聞いた「よさ」について再度尋ねた。これまでに出された「あたたかみがある，柔らかい，匂いがいい，涼しい，きれい，落ち着く」をおさらいした後，スギを電子顕微鏡で見たスライドに移る。空隙がたくさんあるスギの断面図に，子どもたちは「クッションになる」「空気が入っている」とすでにスギの特性を学んでいたのですっと出る。

そういう木のよさがあるとして，「どうして多摩産材を使ったのかな？なんで外国の木じゃないんだろう？」と問うと，「新鮮だから」という野菜や魚のような答えの後に「地産地消」が出る。「おー，社会でやりましたね，地産地消。地域の産物を地域で使いましょう，と。それすると何がいい？」

「つながりができる」「送料が安い」「二酸化炭素を出さない」

▲建築のプロの話も聞ける

「いいねいいね。そうだね、運ぶ値段が安いだけでなく、石油も使わないよね。そうすると、二酸化炭素を出さない、と。何でエコなのか？のいよいよ核心ですね」と植林した木が伐採されて建築物になった絵と再び植林されて木が次第に育っていくサイクルの図が出た。

「人工林の木を使った木の製品が燃やされても、替わりの人工林を育てていければそれが吸収してくれるんだね。さらに、さっき見たように、適度な時期にきって使う。先ほどのビデオに出てた製材所の沖倉さんが言ってたけど、次の世代のために木を植えるって。自分の代では使えないんだね、木は長い時間をかけて育つので、自分だけがよければいいや、では林業はダメなんだね」と内装木質化がどうしてエコなのか、最後の最後にまとめると次のようになった。

「もちろん木のよさがあるね、あたたかみや柔らかさ、落ち着く、などでした。そういうよさにプラスして、木が二酸化炭素を蓄えていてくれること、さらに新しい苗を植えて育てることでさらに吸収してくれるんだったね。石油とかは有限なエネルギー資源だけど、木は光合成と二酸化炭素で育ち永遠に循環する資源です。育てて使い、きってまた植える。そうやってずーっと使える資源だということ、覚えておいてください」と締めくくられた。

❽ 住宅街の典型的な校舎で

荻窪小学校の一連の『木のパワーを探ろう！』の授業は、本格的な森との接点はないといっても他の条件には恵まれている。校舎の内装木質化は、先生の一言で壁や柱に目を向け、「そう言われれば…」と思い起こすこともあるだろう。改めてさわったり匂いをかいだりと諸感覚を通した体験を共有もできる。実感を伴った気付きへ向かいやすい。

しかし、そういう校舎の小学校もまた例外的ではある。日常的に森と身近にかかわれる学校が少ない中で、どう森とつながれるのか？という命題を前にして、荻窪小学校のケースも「ウチの学校とは違い過ぎる」という声が聞こえる気がする。

森から遠く，校舎はコンクリートの内外装で，その中で木製と言えばスチールパイプの机とイスが真っ先に思い浮かぶ，というのが多数派の小学校だとするならば，次にご紹介するのはその典型的な校舎の学校である。住宅街のど真ん中に位置し，校庭に樹木はあるものの外も内もコンクリート製というその学校は，荻窪小学校と同じ杉並区にある杉並第八小学校〔黒川雅仁校長　2014（平成 26）年度児童数 141 人〕だ。

　多数派の立地条件，校舎であるゆえに，杉並第八小学校は日本建築学会が『木のパワーを探ろう！』のプログラムを広く各地で展開する際のひな形になる。もちろん，「同じ」学校など一つもないし，それぞれに合わせたサポートがされている。しかし，実際にサポート隊が先生とどんなふうに授業をつくり上げていくのかが見られる好機だった。

⑨　総勢 13 人の打ち合わせ

　その日，杉並第八小学校の校長室はすし詰めになっていた。ここでは 3 日連続で行う『木のパワーを探ろう！』の授業のため，その打ち合わせに日本建築学会，杉並の建築士会（杉並会），学校支援委員が一堂に揃ったのだ。その総数 12 人。一方，授業を行う先生は一人である。杉並第八小学校は全学年が 1 クラスずつという小規模校だった。そのため荻窪小学校のように学年の先生たちで連携して授業の展開をつくる体制がとれない。内容が多彩で先生にもなじみの薄い分野である『木のパワーを探ろう！』のプログラムを一人で実施することは負担が大きいため，サポート体制がぐんと手厚くなっている。

　中央に 6 年生担任の長崎洋子先生と『木のパワーを探ろう！』のリーダー藤野さんが向かい合い，打ち合わせは始まった。

　昨年度の杉並第八小学校 6 年生クラスではどのような展開がされたのか，授業で使用したワークシートを参照しながら昨年の授業の流れが説明されると，基本的には同じようにしたいと長崎先生は言った。それは，プログラム最終日の学校開放日に参観に来ている保護者に，「3 日間で学んだ木のよさをプロモーションする」という設定である。親以外の大人に一対一で「営業」するために，子どもたちは当事者の立場にならざるを得ず，受け身の授業ではいられなくなったという。その授業の最終日はおおいに盛り上がったそうだ。

長崎先生も最終日の課題はプレゼンテーションにすることを希望した。山場の課題設定は早々に決まった。
　しかし，そこから討議は本格的かつ活発に繰り広げられた。まず，昨年の焦点が温暖化対策としての炭素固定だったのに対して，長崎先生は，「子どもたちは，日本には資源がないと強く思い込んでいるんですよね。でも，木があるじゃない，と気付かせたい」と，子どもたちに恵まれた資源としての木があるという気付きを焦点にしたいと希望した。藤野さんはそれをしっかり受け止めて流れづくりに入る。
　カギは導入だった。荻窪小学校と違い身近に木の素材感を実感できる環境にない子どもたちには，そもそも立っている樹木が資源であるという意識がまずない。さらに，それらを使うとエコである，ということは荻窪小学校でも見られたように逆に感じられることが多い。「木を使うこと」と「エコ」のつながりへもっていくにはどんな導入がよいのか？
　例の1ℓ型の木のブロックや，同じ年齢なのにまるで違う大きさの輪切り，60種類もの国産材の木のトランプなど，小道具から入る案が出ると，木のブロックが先生や支援委員に回された。荻窪小学校の子どもたち同様，「えー，こんなに重さが違う！」とビックリし，ひとしきり感触などの話になっていく。そう，実物のインパクトは大人にも大きい。確実に実感をもたせ，気持ちをギュッと集めてくれる作用があるし，楽しめる。しかし，導入としてどうだ？とそこに焦点は戻っていく。
　いかんせん唐突であろうと，それらのモノの利用場面は別に設けることにして，再度入り口さがしはつづいた。結局，12月に国語の授業でやったばかりの『森へ』（星野道夫著）を振り返る形が子どもたちには自然に入れるであろうということに落ち着く。『森へ』は遠い外国の天然の森の話ではあるものの，そこから日本の，杉並に暮らす自分たちの身近な森，木に思いを飛ばさせるのが長崎先生の手腕にかかることになった。
　身近な木製品や学校の樹木とのつながり，実は木のことをよく知らないね，という転換へのもっていき方，前述の小道具をどの時点でどう使うことが効果的かを熱心に，身を乗り出すように大人たち

▲保護者へのプレゼンテーション

が打ち合わせていく。光合成をして木が太ること，炭素，酸素，二酸化炭素のメカニズム，それが木に蓄えられているなら，やっぱりきらないほうがいいんじゃない？　いやいや違うんだよ…。荻窪小学校では一連の授業で見てきたプログラムだが，その組み立てを一から先生とサポーターたちが練っていく様子は，授業が生き生きとなされるためにはいかに仕込みが必要かがよくわかる「舞台裏」だった。

⑩ 「学び」を暮らしに生かす

　１クラスしかない杉並第八小学校では，授業も先生とサポーターが連携して進める。導入や授業の進行，子どもたちのファシリテートを先生が担い，木の身体測定や種明かしはサポーターたちが主になる。子どもの気持ちや動きをしっかり把握する先生の誘導やバックアップと，外から来たプロ集団という刺激がうまく組まれると飽きさせない効果が抜群である。授業はあっという間に終わるかのように感じられる。

　後日，長崎先生は言った。

　「いろいろ環境のことを学びますし，木のことも知っていることはあったと思うんです。でも，知ってはいても，どれも自分たちが直接何かできる，という感じではないじゃないですか。間伐が必要だからって木をきることはもちろんできないし，植林も，簡単に誰でも行けるわけじゃありませんから。でも，今回の『木のパワーを探ろう！』で，多くの子が書いたり言ったりしたのが，木のものを長く使いつづけることが環境に役に立つ，木のものを選ぶことが環境にいいんだ，という自分にできることが見つかったというのはとてもよかったです」

　自分にもできることがある―学んだことが，実際の自分の暮らしに生かせたとき，「学び」は確実に面白くなる。学んで，日常にそれを生かすはたらきかけをどんどんしてみたくなるものだ。特に，建物はわたしたちに欠かせない存在である。食べものなどと比べると格段に意識されにくいが，これほど身近な存在であることを実感できれば，暮らし方は変わる。それは，生き方をも変えうる力になることを覚えておきたい。

＊学校林…学校の基本財産形成や児童・生徒への環境に関する教育，体験活動を目的に学校が保有している森林。

日本建築学会（東京都杉並区立荻窪小学校・杉並第八小学校）への提言 〜わたしの視点〜

子どもの成長にとって「森」の価値

　日常的に森に触れることのできない地域の学校にとって，「森」の学習は子どもたちにどのような意義をもつのだろうか。

　都会に暮らす子どもたちは，日常的に森と直接かかわる体験をすることができない。学習活動は，「森林を大切にしましょう」「木材のよさを知りましょう」など，スローガン的な，言葉で知識を覚える学習に留まりがちである。子どもたちの「生き方」に生かされるような学習活動は成立しにくい。

　しかし，次の点から考えることが必要である。

　子どもたちは身体を使って自然と相互作用し，身体を通して自分と自然との直接的なつながりを実感することで，精神的な安定感や自分の成長の手ごたえを得ることができる。

　逆にそのようなつながりを実感できない場合，子どもの心には成長のエネルギーが精神的ストレスとなって鬱積される。それが様々な不適応症状や反社会的行動となって顕在化する。親や大人が期待する「よい子」になること，さらには学校で「よい成績」を取ることは，子どもの成長にとって自然の筋道ではない。親や大人にとって都合のよい成長の筋道が子どもに強制され，自然の中での自然とつながって，自分の身体を通じて自然との相互作用の深まりという有能感の増大を実感できないと，子どもは「自分は何なのか」がわからなくなる。「自分はこういう存在なのだ」というアイデンティティは，自然とのつながりの中で自分が生かされていること，また成長していることを実感しつつ形成される。

　自然との身体を通じてのつながりの中で，「こういうことのできる自分なのだ」という実感が，成長のエネルギーに溢れる子どもたちに，精神的な安定感を与える。自然とのつながりを実感できるようにすることは，子どもの安定した成長の上で不可欠の精神的な基盤を形成する。

都会の学校での学習方法

　したがって，都会の学校ほど，「森」を教材として子どもたちが自然を体験し，自然と自分とのつながりを実感を伴って形成されていく学習活動が大切となる。

　そのような点で，荻窪小学校及び杉並第八小学校での授業は，きわめて重要な意味をもつ試みであった。しかし，先述のような価値を子どもたちに生み出すためには，さらにダイナミックな活動が必要だったように思える。「都会」とは言え，武蔵野の森林を生かした大きな公園が近辺にいくつもある。そこに出かけて森林の中を全速力で走り回って空気を吸い込み，また身体全体で樹木に抱きつくなど，森林や樹木を身体で実感できる活動から始めることが必要だったのではないだろうか。また，学校の近辺で，個人の住宅，街路，神社などで，わずかの空間にも樹木を残している場所がある。そのような場所についての調査などフィールドワークも効果的である。身体を動かす学習活動が伴うことにより，両小学校での授業の効果はより高まるように思える。樹木の高さ測定の活動も，森林のある公園で，子どもたちがそれぞれ選んだ樹木について，それと密度濃くかかわりながら測定したならば，子どもたちのこの学習活動への意欲がさらに高まったかもしれない。

　学校側も，子どもの精神的な安定と豊かな発達という観点から，このプログラムの価値を認識しなければならない。

 日本建築学会への期待

　日本建築学会の環境教育プログラムの開発と学校の教育活動への協力はきわめて貴重である。それだけに今後は，狭い意味での「エコ」に限定されずに，子どもの精神的な面における安定した発達にとっての森林（自然）とのかかわりの重要性についても視野に入れ，本プログラムを発展させていただくことを期待したい。

　森林は人類の母胎である。森林を守り，また森林とともにそれを実感しつつ生きることにより，人間の精神的な安定と豊かさも保証される。

藤井千春

森の学校

ふるさとを元気にできる森林環境学習
～岡山県西粟倉村立西粟倉小学校の取り組み～

❶ 幼稚園に森現る

「ちょっと寄っていきますので」。岡山県を通る智頭急行線の西粟倉駅に迎えに来てくれた鳥越厳之先生に連れられて向かったのは、西粟倉小学校〔小林久訓校長　2014（平成26）年度全児童数74人〕に隣接する村の幼稚園だった。案内された奥のホールには大人だけが集まっている様子。邪魔せぬようにドアをあけて驚いた。ホール一杯に飾り物と造作物でドーンと何かの世界が展開されている。（？？？これは一体…？）

園児用の小さないすに腰掛けてキョロキョロしつつも、小林久美園長先生の話に引き込まれた。それは、鳥越先生が受けもつ5年生が園児を引率して森に出かけ、沢歩きをさせたことの後日談だった。ホールに繰り広げられていた世界は、園児たちがその沢歩きの感動を再現した「タタラの森」だったのである。

「子どもたちはよっぽど楽しかったのだと思います。ものすごくよく覚えていて、沢をつくるときには子どもたちが歩いてみては『沢はね、パキパキ音がしたよ』とか『ゴツゴツしてた』などとわたしたちに一生懸命語るんです」と園児たちの興奮と感動がそのまま園長先生に乗り移ったかのように熱がこもる。ほかにも木の上部と下部では太さが違うとか、みんなで寄り添ってどう休憩したとか、園児たちの記憶や指摘の明確さは、先生たちを驚嘆させていた。例年、この造形はバス遠足の場所を再現していたものが、この年は園児たちの強い希望で「タタラの森」になったのだという。

わたしは、5年生が園児を引率したという話に驚いていた。森になじみの

▲幼稚園に再現された"森"

ない地域ならば，5年生に沢歩きをさせるかどうかが検討されると思ったのだ。それが，5年生が責任者となって園児に沢歩きをさせた，ということが衝撃だった。

しかし話はつづく。ホールにこの力作が完成して5年生を招待したとき，彼らはまず園児たちの記憶や再現性に感心しほめた後，「先生たち，これ，つくるの大変だったでしょ」とねぎらってくれたのだそうだ。先生たちの感動はいや増した。

「5年生にもなるとこんな大人びるんだと思いました」と言った後，園長先生はその場にいる大人たちに，それぞれの子どもたちの様子を今後とも自分たちに聞かせてほしいこと，それぞれの段階で出てくる困りごとや大変なことの根っこは，幼稚園のときに見つかるのかもしれない，それを聞かせてもらって自分たちも一生懸命園児たちを育てて，みなさんのところに届けたいと話をつづけた。

この集まりは，村の幼・小・中の先生方の連携を深める研究会だった。その場にいた大人たちは，村の小学校，中学校の先生たちなのである。5年生が園児に与えたインパクトとその余波に，小・中の先生たちも心を動かされているように見えた。そういう先生たちと，力作の紙の森と沢を眺めながら，「なんかスゴイかも…」と期待はふくらんだ。

❷ 95％が森の村で

岡山県西粟倉村は兵庫県と鳥取県の2県と県境を接し，県の最北東に位置している。村は全面積の約95％が森林である。そのうちの約85％がスギとヒノキの人工林であることが村の大きな特徴だ。地方の自治体には面積の大部分が森林に覆われている市町村は稀ではない。ただ，その森林の85％もがスギとヒノキの人工林の自治体，となると稀になる。ちなみに，日本全体では森林の約41％が人工林だが，戦後にここまでの人工林の割合になったのである。

西粟倉村でも，85％のうちのだいたい8割は戦後の新しい人工林と見られている。1960（昭和35）年ごろから，天然林や薪炭林の広葉樹がスギやヒノキの人工林へと転換する，拡大造林政策が日本中の森林に及んだ。山で生きてきた西粟倉村もまたその流れに乗る。一方で，当時の社会は工業化・都市化へと邁進し，農山村から多くの人が街へと移っていっ

た。そう，過疎化の始まりである。それも含めて複合的な理由で人工林の手入れは日本中で滞っていくが，西粟倉村も例外ではない。人工林面積が85％にもなる中では，手入れ不足の広がりはいかばかりか，と予測されたのだが…。

　鳥越先生に連れられて村の中心を貫く国道373号線を車で北上したのは，5年生が総合的な学習の時間で取り組んでいる森に向かうためだった。村の中心から離れると道沿いには人工林がつづくのだが，その様子に目を見張っていた。間伐がされ，枯れあがった枝のついていないスッキリと伸びる木々が並ぶ人工林が目立つのだ。予測とは反対に，手入れが広くされているではないか。

　人里が近いと所有者が多く所有区分も入り乱れるため，手入れをする同意が得にくいとか，道路沿いでは電線や車の通行規制など要因が複雑になって手入れがさらに進まない背景がある。だから，村の主要道路沿いにつづく人工林が（全部ではない），所有者は一様ではないのに手入れがされていることに驚いたのだ。それを口にすると，鳥越先生はちょっと胸を張るように言った。

▲手入れされた人工林

　「それがね，この村の100年の森林（もり）構想なんですよ」と。

❸ 「村の子ども」を育てる決意～「ふるさと元気学習」の創設

　2008（平成20）年に村で打ち出された「100年の森林構想」は，村の大部分を占める人工林の手入れを進め，木材産業を創出し，将来にわたって名実ともに「森の村」として生きていくという施策全体の総称である。拡大造林政策で広げられた人工林は，だいたい55年以下の状態にある。一方，村には手入れのされた100年を超す木々の森林があり，そういう木々は価値が高く森も美しい。村中の55年以下の人工林を，村をあげてそういう価値ある美しい森に育てつづけよう，と村は決意したのだ。

　整備面では，手入れが滞っている森林の所有者に村がはたらきかけ，整備費の負担を村費で賄い，実施も村が請け負うというものだ。なお，もと

もと積極的に整備をしてきた所有者や，自力で整備をする意志を村が縛るものではない。あくまでも，様々な事情で手入れが滞る人工林も含めて，村全体の人工林の質を高めることをめざしているのだという。

そして，整備に伴って大量に出る木材を，付加価値を付ける商品開発をして販売すること，山村の暮らしそのもの，村独自の価値を発信することなども「100年の森林構想」の中の重要な位置付けにある。森を核にした山村総合事業，と言ったらよいだろうか。

この，村が決めた「森とともに生きる村」の決意を，深く受け止めたのが2010（平成22）年に西粟倉小学校に赴任してきた福田清美校長先生（2010-2011在任）だった。福田校長先生は「教育がなんでそれ（村の決意）をやらんの!?」と鳥越先生に投げかけてきたのだという。もともと，「生きる力」を育てる教育の存在を知ってIT企業から小学校教師に転職した鳥越先生は，総合的な学習の時間を得意としてきた。しかし，学校全体，一丸となってやろうと言われたのは初めてだった。「森の村にふさわしい教育をどうつくりあげていくか」という大テーマに取り組むことになった。

村の子どもたちに身につけさせたい力とは何なのか？教育の根幹，「学力」を根底から深く，大きく考えて討議を重ねていった（後述）。学校全体で取り組むためには，明確な枠組みが必要になる。赴任してきた先生たちが戸惑わずに取り組める形も重要だ。そういう作業中に，あの東日本大震災が起きた。

そこで突きつけられたのは，極限ではまったく役に立たない国の巨大なシステムだった。逆にその極限で機能していたのは，「わがふるさと」という強い思いをもつ人たちの存在だと鳥越先生は痛感する。そういう思いをもつ人を育てるためには何をする必要があるのか？それは，子どもたちに身につけさせたい力とどうつながるのか？

今の子どもたちは，過去類を見ない変化の速さに直面すると考えられている。未知のことに挑み，不測の事態に立ち向かうには学びつづけることが重要になる。課題を正しくつかみ，具体的に何をすればよいのかを自ら考え，様々な人と話し合い，協力して事を動かす―そういう一連のことを「やりたい」と意欲をもちつづける人に育てることがあわせて必要だと分析していく。

第1章　森の学校編

そうして 2011（平成 23）年度から始まったのが，「ふるさと元気学習」である。『ふるさと元気学習とは，ふるさとの自然や人に学び，子どもたちの人間力を高め，ふるさとを元気にする学習』と定義し，「学びを活用する力を育てる場づくり」と設定した。

④ ぼくらはたんけん隊

```
育てようとする力（人間力）
1　触れ合いかかわる力
　①五感で感じる力
　②触れ合いよさを感じる力
　③かかわり交流する力
　　（コミュニケーション力）
　④つながりを重視する態度
2　自ら学びつくり出す力
　⑤探究する力
　　ア　課題設定力　イ　情報収集力
　　ウ　情報分析力　エ　表現発信力
　⑥未来をデザインする力
　⑦多面的・総合的に考える力
　⑧創意工夫してつくり出す力
3　自己を見つめ，ともによりよく生きる力
　⑨自己を見つめる力
　⑩問い直す力（批判力）
　⑪協力・協同し高め合う力
　⑫進んで参加する態度
```

ふるさと元気学習で身につける力は「人間力」である。これは，生きる力と学ぶ力を合わせた力と西粟倉小学校では定義している。その人間力は次の三つの力で構成されるものとする。

「触れ合いかかわる力」「自ら学びつくり出す力」「自己を見つめ，ともによりよく生きる力」である。さらにこの三つの中には，より具体的に身につける力が設定されている。それらは左の表を見ていただきたい。これらの力をつけるために，生活科と総合的な学習の時間を使って指導する方法と他教科との関連が，次のようにあげられている。

・村内の人工林や天然林，渓流などの豊かな自然環境や地域の人々とかかわる体験活動を設定する。

・体験をもとに表現したり交流したりする場を設定し，子どもが協同して探究する学習が展開できるようにする。

・言語活動の指導を充実させる。特に国語科と連動させ，書く力や話す力を伸ばす。

さらに，育てたい子どもたちの資質能力のイメージが具体的に描き出されている。以下，それぞれ見てみよう。

①低学年は『「ふるさとたんけん隊」の隊員として鍛える』

年間テーマは“ふるさとたんけん”で，西粟倉の自然や人と触れ合い，

ふるさとのよさを体験することがめざされている。重視されているのは諸感覚を鍛えることで，この2年間に十分な諸感覚の育成をすることが，その後の考え，行動する基礎になるとされているのだ。この目的のもとに子どもたちにどんな授業をすればよいのか？と考えるとき，「たんけん隊の隊員」になるために…という設定は，低学年の子どもの心をとらえる。

②中学年は『「ふるさと新聞社」の記者として育てる』

　年間テーマは "ふるさとのおくりもの" で，西粟倉の自然と人から学び発信することがめざされている。重視されているのは，低学年で身につけてきた諸感覚のセンサーを発揮して，その感性をもとに「なぜ？」を調べ，探究し，それを発信にまでつなげていくことだ。それはまさに「記者」がうってつけである。

③高学年は『「ふるさと元気ラボ」の研究員として育てる』

　年間テーマは "ふるさとづくり" で，西粟倉の自然や人とともによりよく生きることがめざされている。調べて，発信する段階からさらに踏み込み，村に対して何かできることを見出し，実践する。少し大人びてくる高学年の自尊心をくすぐる「研究員」の響きである。

　これらのイメージは，教える先生にとって具体的で方向が明確になるものにわたしには見えた。よい探検家，記者，研究員を思わず育てたくなる，めざしたくなる設定だと思った。

　（ふるさと元気学習の全体構造はP77にある）

❺ 村長からの打診～5年生・総合的な学習の時間①

　ふるさと元気ラボの研究員をめざす5年生（8人）の2014（平成26）年度は，青木秀樹村長の「100年の森林公園づくり」の打診で始まった。村内外の人が，そこに行けば100年の森林をめざす姿がわかるようなそんな公園をつくりたい，それを5年生も一緒に考えてほしい，と学校に話をしに来てくれたのである。

　5年生はその話の中で，西粟倉村は昔から交流の村であったこと，小さいながらも日本の役に立てる村でいたいと語られたことに感動したという。「交流」は小学校が大事にしているテーマでもあった。村内唯一の小学校で，各学年10人前後と人的な広がりが乏しいことは否めない。そこで，積極的にクラスを越え，学校を飛び出し，様々な人と交流して学ぶこ

とが設定されているのだ。「あいさつタッチ」という片手ハイタッチで誰とでも即座に親しくなれることを武器にしている。今の時代，もちろんITも活用する。

その交流は，実は歴史があったのだ。3県の県境に位置していたため，県の端にありながら，閉ざされるのではなく人とものが往来し交流する土地柄であったというのだ。そして，小さくとも日本の役に立つ村をめざすという姿勢は，学んだことを活用して「ふるさとを元気にする」ことにゴールを置く自分たちと重なる。5年生は，はりきった。

しかし，壁があった。いや，それは「もってこい」の好条件と言うべきかもしれない。調べて，分析して，課題を見つけ，それを解決するための実践をする，ということが学習項目なのだから。

5年生が直面したのは，村長が公園に推薦する森が彼らの希望とは違うことだった。村長は，85％の人工林の村らしく人工林を公園予定地にあげてきた。「引谷の森」という。5年生は，その森は斜面が急であること，沢がないことを「公園には不向き」と考えた。西粟倉の子どもたちは，高学年になるまでに様々な森で遊び，学ぶ経験をしている。その中で，絶大な人気が沢歩きなのである。沢のない森が公園─彼らにとっては考えられないものだった。森に親しんでいる子どもたちゆえのこだわりがそこにあった。

▲子どもたちの好きな沢

❻ プレゼン案を考える～5年生・総合的な学習の時間②

5年生には公園にしたい森があった。それが前述の「タタラの森」である。タタラの森はトチやホオ，ミズナラなどが育つ天然林と，植えてから100年前後のスギの人工林，平坦な場所があり沢が流れている。そして名前の由来となるタタラ跡地（日本古来の製鉄所）という史跡つき。村の名所，大正時代から保護している若杉天然林にも近かった。

「村長さん推薦の引谷の森を，タタラの森に変えてもらおう」と5年生の公園づくり計画はスタートする。相手の提案をひっくり返すためには，

何をすべきか？

　現状を把握するため調査やアンケートを考え，実施した。その分析を全校生徒の前で発表しながら，どうしたら「タタラの森」に変更してもらえるかを探っていく。そんな中，急斜面の引谷の森がお年寄りや小さい子には適さないと考えていた５年生に，「小さい子に沢も危ないのではないか」という意見が出された。それを検証するために彼らは幼稚園児を引率して沢歩きを実施したのである。その結果は冒頭の顛末となり，５年生は自信を深めた。

　わたしが取材に訪れたのはこれらの調査と分析も済み，いよいよ具体的に村長へのプレゼン案を考える段階だった。

　授業の冒頭，ここまでのまとめの表を見ながらそこからどんなことが見えるかな？と鳥越先生は聞いていった。

　「学習の森には引谷の森だけど，総合的にはタタラの森です」「向いていないことが，タタラの森のほうが少ないです」「タタラの森は小さい子でも行けるのでいいです」…どんどん手をあげて発言するが，言うことはみな同じに聞こえる。とにかく「公園にはタタラの森」の一点張り。

　「そう，みんなの意見は決まっています。タタラの森がおすすめなんだな？で，こっから。こっからですよ。村長さんは，せっかく案があるのに，その村長案をソンチョウしないで（笑）変えようって言うんでしょ？そりゃあ，よっぽどよく考えないと納得してもらえないんじゃないか？村長さんは，村で一番村のことに責任をもっている人だよね？そういう人が出している案をひっくり返そうという，スゴイことをみんなしようとしているんだから。そりゃあ，ものすごく本気にならないといけないんじゃないか？」と投げかけた。村長さんに「なるほど！」と納得してもらえるように頭から煙が出るぐらい考えよう，と整理が始まった。

　「今みんな，比べているよね。比較です（板書）。はい，比べると何がわかるの？」と問いかける。「いいところと，悪いところ」「向いている，向いていない」…比較する意味を意識させていく。

　「先生から見て，村長さんとみんなの案とでは『つくろうとする公園に対する考え方』が同じところと，違うところがあると見えます。で，みんなが公園をつくる目的は何？」

　「都会の人（子ども）や村の人に西粟倉のよさを知ってもらい，広める

ため！」と当初検討して決めた目的をみんなが口にする。
　「これは，村長さんの考える目的と一緒？違う？」と尋ねると「一緒」と答えが返ってくる。
　「そう，一緒だよね。先生も，村長さんの考えとみんなの考えは違わないと思う。じゃあ，全部同じかというと，ちょっと違うところもあると思うんだ。どう？」ハイっと手があがる。
　「村長さんの考える公園は大人向けで，ぼくたちはお年寄りとか小さい子とか向け」という表現が出てくる。
　タタラ，タタラと繰り返しになっていたみんなに，「村長さんを説得するためには何が必要か？」という視点を投げかけ，再度検討させていく。各自が考えてボードに書き，黒板に次々貼った。全員が貼り終えると発表が始まった。
　「タタラの森には，人工林と天然林，沢歩きができるところ，と三つとも揃っているけど，引谷の森には，天然林と沢歩きができるところがないです」。お，表現がぐっと具体的な比較になっている。
　「タタラの森には，沢があったり天然林があったり人工林が見られて，『元気・笑顔・仲良し（小学校のキャッチコピー）』の西粟倉村のいいところがわかります」
　「平らなところで，（若杉）天然林も近くて，沢も大きくて広い。で，沢だったら子どもと親が一緒に入れて，天然林が近いとついでに寄って行くことができます」。次々と発表していくが，先ほどまでのタタラの連呼とは全員表現が変わっていく。
　一人ひとりの発表が終わると，今度はみんなでそれぞれの発表を検討していく。よいところを指摘しその理由を述べ，疑問を応答し合い，内容がみんなに共有されていく。鳥越先生は「ほう，そうかぁ」と感心しながら，そういうタタラの森のよいところが公園に向いていると村長さんにすすめたいんだな，と認めた後，もう一声出す。
　「先生もみんなの意見いいなと思いました。ただ，先生が村長さんなら言

▲発表の様子

うで。『学習はどうなるんでぇ？』と。なあ，どう？学習はもうしません！て言うんか？」。子どもたちはドッと笑った後，「タタラの歴史を学習できます！」と勢いよく声があがった。そうだなあ，だけど，村長さんはどう言ったの？と依頼主，村長の発言に焦点を絞る。

　表を見比べながら引谷の森でできると分析した学習内容を見ていく。一つひとつあげながら，「できるぅ」「あ，それはできない」などとタタラの森ではできないものがあることが明確になる。それが間伐や枝打ちなどの人工林での実体験であった。先生が一言ポンと言うのではなく，子どもたちから発せられた言葉でみんなの中に「人工林での学習」が明瞭に認識されるのがわかる。そこを確認してから，再度子どもたちに「公園に最も必要なものは？」と問うと，次々に「沢歩き」がまた出てくる。一見，同じことの繰り返しのように見えるが，違うのだ。

　全校アンケートでも，公園に求める第一位は沢歩きができることだった。子どもたちは，村の最大の魅力を沢だと考えていて，村内外の人たちにその楽しさを伝えたいと考えている。それを十分評価した上で，鳥越先生は人工林の村・西粟倉，を知ってもらいたいと考える村長案をしっかり認識させたのだ。そうしなければ対案をつくれない。

　「人工林の学習は大事だけど，人工林だけでは足りないですよ，と村長さんに伝えたいんだな？その大きなポイントが沢なんだな。その理由がはっきり伝えられれば，村長さんも『なるほどそうか！』と思ってもらえるかもしれません。そのために，もっと考えような」とこの日の授業は締めくくられた。

❼ ブレークスルー〜5年生・総合的な学習の時間③

　本時の学習の目的に，鳥越先生は「簡潔でわかりやすい説明のしかたを身につけ，友だちの考えをよく聞き，疑問や質問，よさなどについて発言し話し合いを深める」ことをあげていた。授業は，活発に子どもたちが発言しつづけ，鳥越先生の水先案内で子どもたちの発話が変わるのが面白いほどだった。目的は達成されている。

▲話し合いの様子

しかし，それとは別に鳥越先生は宿題を抱えていた。学習内容は予定通りでも，子どもたちの高まる期待─公園予定地を変えてもらう─を実現する決定打が打てないことだった。確かに，子どもたちのあの熱気，真剣度を体感すれば，「現実の公園づくりは大人の仕事だからね」とお茶を濁すことは苦しい。

　それを聞くうちに，ひょいとわたしの口をついてアイデアが出た。

　「100年の森林公園の村，はどうでしょ？村全部を公園にしちゃうの。公園ならばいろんなゾーンがあるから，タタラの森の沢歩きゾーンに引谷の人工林体験ゾーン，とか。そうすれば，村中を対象につくりつづけられますよ」と。

　「あ！」鳥越先生とその場にいた栄養教諭の住岡章子先生がともに目を見張った。

　「それだ。それは，ふるさと元気学習そのものだ！」。鳥越先生が目を輝かせた。同時に「ちょっと悔しい」「いや，かなり悔しい」と住岡先生と二人で笑った。ヨソモノにひょいと決定打を打たれてしまった，というわけだ。

　しかし，そこからが「先生」だった。悩む5年生に，わたしあてに相談メールを書かせるから（取材中に交流していた），彼らの相談の中でそのアイデアを出してほしいと言うのだ。教師が解決策をポンと出すのではなく，子どもたちが探った先に出てきた形にしたいと。後日，依頼に従うと，子どもたちは「村全体を公園に」のアイデアに目を輝かせ，「どうしたらこんなアイデアが出るんだろう？」と口にしたという。そのセリフを機に自分たちのしてきたことと，このアイデアが出る違いは何だろう？と考える授業がなされた。すべてが教材に変換されていく。

　子どもたちは「ぼくたちは公園をどこにするかばかり考えていて目的を忘れていた」「目的の考えが足りなかった。村の人のことをもっと考えなければいけなかった」と言ったことに鳥越先生は感動したという。そして，「ふるさと元気学習そのものだ」と思ったのは間違いではなかったと確信する。「無限にアイデアが湧きそうです！」「考えるのがワクワクします」と彼らの学びが深く広がり，階段を一つ上った感があるという。

　こうして，5年生は村全体を100年の森林の村らしい公園にする全体構想と具体案をまとめ，年が明けたら村長室に乗り込むことになった。

❽ 学力とは何か

　学校として村の方針に沿う教育が検討されたとき，学力を深く考察する必要に迫られたと前述した。村にふさわしい教育をと考える中で，その教育が，一般的に求められる学力とかけ離れたものであるわけにはいかなかった。子どもたちは，村に閉じこもるわけではないのだから。

　今，ヨーロッパを初めとして，多くの国で前提となった考え方がある。社会の変化が激しく，先行きが見通せない時代，過去の知識と技能の習得だけで一生を過ごせる状況ではなくなったという認識である。そういう社会で求められる学力は，大量の知識やパターン化された技能の習得ではなく，未知の課題に立ち向かい行動する力，そのために学びつづける意欲であるとされている。同時に，多様な他者と協力し協働できることが重要とされる。そういう国々では正解が一つ，というテストでは測れないものが学力とされ，そのための教育がつくられている。2000（平成12）年を前にして始まっていたそういう世界の変化に，近年日本も同調する。鳥越先生はそれらの変化を視野に入れていた。

　基礎・基本はもちろん不可欠である。同時に，それをどう現実の生活，長い人生に生かせるようにするのか？これから出会う多様な人々は，常に同じ意見をもつ人であるはずもない。相反する考え方をする人たちと，事

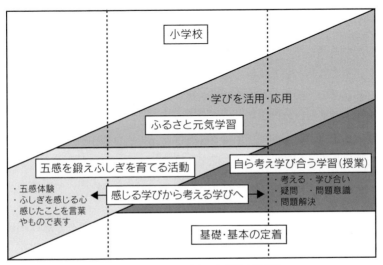

▲各教科学習とふるさと元気学習の相関図

態を打開するために一緒に考えたり働いたりできるようになるにはどうしたらよいのか？そういう力を身につけるとともに，「わがふるさと」という強い思いをもつ人へと育てるには？

　そういう思考のもと，ふるさと西粟倉の自然と村のリアルな今の状況を教材にする形がつくられていく。各教科で学ぶ基礎と基本を活用し連動させ，展開する場としての村の自然と現実—そこに子どもたちが当事者として「村を元気にする」目的をもって多様な学びができる「ふるさと元気学習」へと結実していったのである。

　しかし，教室を飛び出し，机に向かうのではない学び方に不安を覚える大人はまだ多い。そういう教育を未経験だから無理もない。子どもたちがはりきって楽しそうなのもいぶかしくなるかもしれない。勉強は楽しくない，我慢がつきもの，という思い込みが大人の側にある。

　そこで，各教科の基礎・基本を学ぶことと，ふるさと元気学習の連動とをわかりやすく示す努力がされた。その関係図が P73 の図である。

　実際に，子どもたちは村を元気にするための活動を考えて行動する中で，学校での学び全般に積極的になっていった。「自分は村の役に立っている」という実感を子どもたちはみなもっているという。自己肯定感は，何をするにしても重要な心の要素である。一生を左右するほどに。

⑨　学びの連鎖

　学んでいるのは子どもたちだけではない。西粟倉小学校に赴任してきた先生たちも同じだった。総合的な学習の時間はどの学校に赴任しても共通だが，その教材として地域の自然と人を全面的に活用することが求められている。そのため先生たちも学校を飛び出し，西粟倉の自然と人を学び授業を組み立てなければならない。

　前述の栄養教諭，住岡先生は「ふるさと元気給食」を組んだ。給食に食材を提供してくれる地元の農家に出かけてはビデオ撮影をし，それを子どもたちに紹介し，食材一つひとつの大切さやつくる人の思いを伝える。それは，住岡先生にも初めての経験だった。

　「農家さんの話を直接聞くことも，その現場に行ったこともありませんでしたから，もう楽しくて。知るって楽しいなぁって思っています」

　住岡先生の知る楽しさ，喜びが授業にしっかりこもる。諸感覚を育てて

いる子どもたちに，知識とともに先生たちのその熱い思いが伝わるのは自然だった。

　実は，諸感覚の育成が重要度を増している。「感じる」が育っていないと，考えや行動の深化に至らないと見えてきたのだ。そのため，2年生の生活科の授業では，「たんけん隊の隊員育成」のために「ありんこたんけんたい（視覚）」「ききっこたんけんたい（聴覚）」「くんくんたんけんたい（嗅覚）」「すりすりたんけんたい（触覚）」と諸感覚育成のために教室を飛び出す。驚くのは彼らの集中力だ。いや，外で体験をしているときならば想像しやすい。教室に戻ってからの集中力がすごいのだ。先生より先に到着して，われ先にと体験したことを書く姿は驚異だ。体験した思いの強さが彼らをそうさせるのか？2年生，恐るべし。

　未知の世界に向かうとき，必要なのは，まずもって意欲だろう。それがなければ何も始まらない。彼らは，「自分は村の役に立っている」という自己肯定感を土台に，知りたい，学びたいと素直に外に思い切り向かう。それを支える先生たちがまた，喜んで学びつづけていることを肌で感じながら…。学びの連鎖がそこにある。

▲すりすり探検中

⑩ 子どもの力

　今，西粟倉村では小学校が構築した「ふるさと元気学習」を，幼稚園も中学校も，村の子どもが誇りをもって育ち学ぶ力を身につけるための一貫した流れにしようとしている。その要の役割をするのが村の教育委員会である。小学校がふるさと元気学習を創設した際，その意図に感銘し全面的なサポート体制をつくるために動いた。村の教育振興基本計画に反映させるために村民の意見交換会を開き，ワークショップを重ねたのだ。

　村の人たちが子どもの教育，村の未来に託すために必要なことは何かを検討し，その意見を集約し，それが小学校の「ふるさと元気学習」と重なるものであることが明確になっていく。もともと村をあげて子どもたちを育てる土壌にあったが，わかりやすい目的と枠組みで理解が広がった。

　こうして教育委員会は，基本計画に村の資源—自然と地域に暮らす人々

▲村長にプレゼンテーション

—を全面的に積極的活用することをうたう文言を盛り込んだ。先生たちは学校を飛び出して子どもたちの学びの場を自由に広げられる拠りどころを得た。今後，教員の異動があっても，村の変わらぬ方針として，村の自然と人を教育の基盤にすることが村の教育の核になる。そして，小学校では「100年の森林公園の村づくり」が持続可能な村づくりの具体的イメージの一つとして承認されたという。

2015（平成27）年1月。5年生8人は村役場に出かけ，青木村長と，村役場で100年の森林公園のために働いている大人たちを前に，10か月近くかけてつくったアイデアをプレゼンテーションした。調査やアンケート，幼稚園児のモニタリングをして分析した内容。場所で悩んだ末に村全体を公園にするアイデアを得たこと。一つの考えにとらわれて目的が遠のいていたことへの気付き。そこから村のことを一段深く考えたこと。公園の村全体構想と具体案。最後に，この「公園の村」の賛同を得るために村の人たちに訴えつづけるという決意表明で発表は終わった。

大人たちは一様に感心し，認めてくれた。部分部分に関しては「同じようなことをわたしたちも考えている」と今後役場が実現するとの明言もあった。ただ，「村全体を」に対しては反応がない。一人村長が「歴代の村長にそういう考えがあった」とコメントしてくれた。しかし，彼らの学びの深まり，気付きの大きさと変化が伝わったのかどうかがわからなかった。そう話すわたしに鳥越先生が言った。

「まだまだこれからつづきますから。子どもたちには大人を変える力があるって，僕らは信じていますから」

子どもの力。思い返せば，西粟倉では子どもをきちんと尊重する大人たちにたくさん出会った。いつか，子どもたちはその貴重さを知る。尊重され，ふるさとの自然と人を全身で受け，育つことができた村を誇るに違いない。そうやって大人になった彼らがつくる西粟倉村を見てみたい。

ふるさと元気学習の全体構造

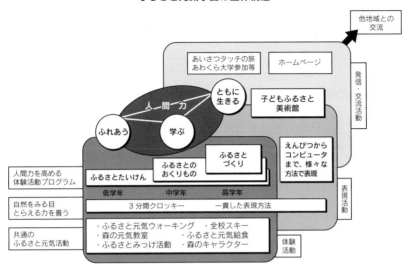

5年 大単元「百年の森林公園づくり」単元構造図 西粟倉小 ふるさと元気学習

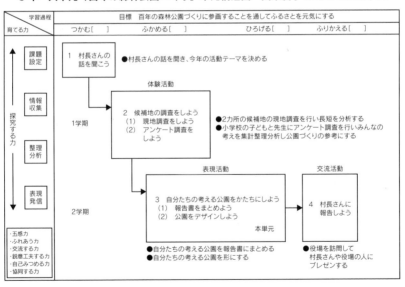

岡山県西粟倉村立西粟倉小学校への提言
~わたしの視点~

「身の丈」での「小回り」の利く「村づくり」

　平成の大合併の中，西粟倉村は「小さな村」にとどまった。行政区域拡大による効率化は，中山間地域の衰退には拍車をかけてしまう。西粟倉村は自助努力による自立に地域生活の存続をかけた。地域生活の存続は，中国山地の多くの中山間地域が共通に抱える課題である。

　西粟倉村は，人工林という地域の材と伝統産業を生かして「身の丈」での村づくりを開始した。企業誘致やリゾート開発などに頼るのではなく，自分たちによる起業を選択した。「身の丈」なので「小回り」が利く。村民の参加を柔軟に受け入れることができる。

「村をつくる学力」

　「身の丈」と「小回り」は，子どもたちの参加に示されている。子どもたちの参加は，「村づくり」を盛り上げる上でも，子どもたちの「生きる力」を育む上でも，大きな意義を有している。

　これまで学校教育では村を「捨てる」学力を育ててきた。学校では，郷里を離れ都会に出て，広い世界で高度成長に貢献する能力を育ててきた。学校はそのような人材供給の機能を果たしてきた。

　5年生の子どもたちは，村長から「100年の森林公園づくり」について打診を受けた。子どもたちにとって，村長から示された案を検討することは，地域の真正の活動への参加である。地域の一人前の構成員として期待され，それにふさわしい活動を遂行する経験である。子どもは大人から真正の課題の遂行を期待されることにより，そのために必要な知識や技能を学ぼうとする。そして，背伸びしてその課題をやり遂げることを通じて，現実世界の中での有能感を増大させる。すなわち成長する。このような挑戦的な経験を遂げるプロセスを設定し，歩ませることが教育である。

　しかし，「村をつくる学力」を育てる学習活動は，単に子どもたちを村に引きとめる教育ではない。子どもたちの中には，将来，村に残ったり，

大学等の卒業後に村に戻ったりして,「村づくり」の有能な担い手になる者もいるだろう。確かにそのような人間の育成が中心的な目的である。だが,この学習の経験は,村を離れたとしても,そこで地域づくりに有能に参加する能力となる。ローカルで発揮される能力ではあるが,グローバルに通用する能力でもある。

 本当のシチズンシップ教育

　この学習活動に関連して,子どもたちは家で家族と話をする機会が多いだろう。子どもたちは祖父母,両親,親戚などから,「村づくり」に関する大人の考えを聞いたり,自分たちの計画を説明したりするだろう。そして,身近な大人が村とつながっていること,また村の構成員として生きていることを知るだろう。見学などで見聞き・体験したことの意味の理解が,立体的・多面的に理解できる。子どもたちは,そのようにして自分の村とのつながりやその構成員としての生き方について日常的に考える。公民的な資質が自然に養われていく。これがシチズンシップ教育である。

　子どもたちのこのような活動は,大人たちにとっても活力の源となる。確実に次世代が動き,取り組みが将来にわたって継続されていくという手ごたえを感じることができるのだ。

 子どもたちの相互に開かれた態度

　各学年とも子どもたちは少人数である。しかし,子どもたちからはあたたかくも活発な仲のよさが感じられる。

　子どもたちは取材者の浜田さんの提案に,「自分たちのアイデアが小さく感じた」「予想していなかった考えだった」「もう住んでいる人のアイデアのようだった」と,驚きを述べた。他者のよさを認めてそれをしっかりと受け入れている。学ぶための大切な態度である。そのような開かれた態度は,話し合い活動の中でもしばしば見られた。

　単学級の学校では,子どもたちの相互の関係の固定化を避けるしかけが不可欠である。相互の関係の固定化は自己有能感の育ちを妨げる。それぞれのよさや成長を発揮し合い,それを認めて学び合える場面を設定しなければならない。そのような場面は,みんなで全力で挑戦する真正の学習活動の中で必然性をもって発生するのである。

藤井千春

COLUMN 1 鼎談 ザ・総合の授業

ザ・総合の授業〜小学校現場から生中継
鼎談 わたしならこう考える
〜題材のさがし方から授業への落とし込みまで〜

ファシリテーター：
共存の森ネットワーク
事務局長
吉野奈保子

コメンテーター：
兵庫県たつの市立
新宮小学校 教諭
石堂　裕

コメンテーター：
東京都新宿区立
大久保小学校 主幹教諭
三田大樹

……………… なぜ，自然体験は必要なのでしょうか？ ………………

吉野 三田先生の学校は都心にありますので，自然体験活動を行うには難しい環境にあると思いますが，いかがでしょうか。

三田 そうですね。自然は身近になく，物理的にも意識的にも遠いですね。移動教室では海に出かけますが，初めて海を見る子どももいますので，とても興奮します。海の広さ，波の大きさ，そして磯の匂いに感動しますね。

吉野 石堂先生は，兵庫県たつの市の学校ですから，身の回りに自然がありますよね。

石堂 ありますけれども，たとえ山や川があっても，いまの子どもは室内遊びを好む傾向がありますから，野外で遊ぶことはあまりありません。これは山間部でも漁村でも同じだと思います。そのため，自然体験は学校教育で意図的に組んでいく必要がありますね。

吉野 ということは，自然体験を取り入れた学習を行うことはありますか。

石堂 昨年，3年生を担任したときに，自然の面白さを感じさせたいとい

うねらいで授業を行いました。活動の中心は揖保川です。

吉野 なぜ，揖保川を取り上げたのでしょうか。

石堂 ３年生は，総合的な学習の時間はもちろん，社会科も理科も初めて取り組む学年です。なので，社会科で町探検をさせようと考えました。すると，店の看板や町の風景の中に「鮎」という文字が多いことに気付きます。ここは昔から鮎が多かったらしい。では，鮎の放流を体験してみよう，と提案するのです。子どもに「なぜだろう」という疑問をもたせて，そこから体験へ，次の気付きへとつなげます。それが３年生の総合的な学習の時間の「入り」で重要だと考えました。

吉野 体験活動が，いわゆる「体験止まり」にならないためには，どのような工夫をすればよいのでしょうか。

石堂 教師が，ただ「これをするよ」と指示するだけでは，子どもたちは受け身で終わってしまいます。だから体験した後に，教室の中で気付きや疑問を出し合う場を設けています。子どもたちの思考が途切れないようにしながら，次の課題を見つけられるように導いていくことが大切です。

吉野 子どもたちに調べる学習をさせることはありますか。

石堂 昨年の３年生の場合は，自分で調べることよりも，漁協のおじさんに話を聞くことを重視しました。それは，身近にいる専門家に話を聞くことにより理解を深めさせるためです。加えて，対話によって子どもは疑問や気付きを得やすくなり，それが学習意欲を高めるきっかけにもなります。例えば，漁協のおじさんから「鮎は一度，海に出て，川に戻って来る」という話を聞きますよね。すると，鮎を放流するときに子どもは「元気で帰って来てね」とつぶやくわけですよ。これは教師が知識を教えた場合と明らかに違う。教師はそんな子どもの心の動きを感じて，「いつ帰ってくるかな」と声をかける。それがまた子どもの興味をつなぐきっかけになります。

……………………… テーマをさがし，継続するコツ！ ………………………

三田 わたしの学校の周りは繁華街なので，消費によって経済が成り立っています。自然は遠く，人のつながりも希薄です。そういう地域なので，地域への愛着とか，人とのつながりを意図的につくり出す授業を行

▲地域の方に大久保ツツジについて聞く

いたいと考えました。それで選んだテーマが，大久保ツツジです。もともとこの地域で，江戸時代に武士の副業として栽培されていた大久保ツツジを，ふるさとのシンボルとして復活させようと考えました。

吉野 どのようにして，そのテーマに行き着いたのでしょうか。

三田 町を歩いて見てまわり，地域の課題について住民の方に話を伺いました。その上で，大久保ツツジというテーマが，「地域の願いであるかどうか」「みなさんに協力いただける内容か」「子どもにとってわかりやすい題材であるか」と見通しをつけていきました。

吉野 ちなみに，他の候補は何だったのでしょうか。

三田 環境問題も当然考えました。でもゴミが多いとか，落書きがあるとか，負のイメージが強かった。しかも，子どもたちの活動だけで問題を解決するのは難しいと感じました。できれば，子どもたちに達成感を味わわせたかったし，外部からの評価もほしかった。

吉野 石堂先生は，どのような観点からテーマを選ばれますか。

石堂 自然や歴史を題材に，昔からあるものを未来へとつなぐESD（持続可能な開発のための教育）の視点を大切にしています。地域の人の協力はもちろんですが，他教科との連携も意識していますね。そして，継続や発展を意識した単元づくりを行っています。

三田 継続，発展する可能性は重要ですね。子どもたちは，いずれ卒業していきますが，地域の人はその活動を覚えています。地域の人に協力してもらえるベースがあると，それが学校にとっての強みにもなります。

吉野 長くつづけるうちに，活動が形骸化することはありませんか。

石堂 そこで必要となるのが，カリキュラム・マネジメントです。PDCA（Plan Do Check Action）を基本に，年間の活動を教師の視点から分析します。課題を見つけて，それを振り返りシートにまとめていきます。もう一つは「引き継ぎ会」という形で，子どもから子どもへとつないでいきます。課題をきちんと意識しつつ，次の活動の見通しをつけられれ

ば，単調ではない，能動的な単元へと変わっていきます。

吉野 三田先生も「引き継ぎ会」をしていらっしゃいますか。

三田 はい。毎年，6年生は，自分たちがやってきたこと，やり残したことを，次の6年生に引き継ぎます。あわせて，地域のみなさんを招いて決意表明をする会を開いています。次の学年は先輩の思いや地域の方々の期待を受けて活動していきます。

······················· **子どもの主体性を引き出すには** ·····························

吉野 例えば，子どもたちが教室で話し合う場をつくっても，発言が少なく，悩んでいる教師は多いと思いますが，そのあたりはいかがでしょうか。

三田 教師自身の発言が，子どもたちを混乱させる場合がありますね。例えば，「何がしたいのか考えなさい」と言います。これでは自由過ぎて，子どもは答えにくいのです。逆に「こういう課題があるから何とかしましょう」という言い方もありますが，あまりに強引に教師が誘導すると，子どもたちの意識はかい離してしまいます。子ども自身が判断するためには，情報の蓄積がある程度必要です。例えば，先ほどのツツジを例にすると，まず，先輩や地域の人の思いを聞きますよね。そして先輩がつくった資料や展示物を通して，これまでの足跡を知ります。さらに，満開に咲いたツツジを見ます。それらの情報を得た上で，初めて子ども自身が判断し，決定する場を与えます。

吉野 確かに，子どもにある程度の情報を与えれば，その枠組みの中で判断でき，そして課題を切実なものとして認識できれば，動き出しますよね。

三田 まずは「これで行けそうだ」という見通しをもたせることですね。そしてさらに時間を重ねながら課題をつくり上げていくのです。

吉野 石堂先生は，子どもに主体性をもたせる工夫についてどう考えますか。

石堂 まずは，教科学習との関連をうまく図ることが大切だと思います。例えば，総合的な学習の時間でカイコをテーマにするとしたら，理科のチョウの学習と組み合わせてみます。両者を飼育して，お互いの相違点や共通点を発見していきます。生き物の観点から，文化や歴史，産業ま

で，子どもたちの興味関心を広げていくことができます。それが探究的な学習につながるきっかけになると思います。

三田 各教科を俯瞰したカリキュラムをつくることによって，子どもに確実な知識を身につけさせることができます。それは実感に伴う活用能力を身につけることにもなりますし，子どもたちの記憶に長く残る学習になると思います。

石堂 子どもの発達年齢に応じたテーマを選ぶことも大切ですね。例えば，文化財を守る活動は，歴史について学習する6年生にならないと難しく，そして歴史を学び，それを後世に伝えるべきだという課題意識をもつことは3年生には難しい内容です。

三田 この本の森や海というテーマは，地球規模の課題ですね。今の話を踏まえると，最終的には高学年の意識にフィットするテーマなのかもしれません。直接の自然体験であれば3年生でもいいのです。諸感覚で学ぶことからスタートし，それは未来志向の社会貢献につながる活動でもあると落とし込んでいきます。人のために役立つとか，社会のためになるという自覚を子どもにもたせながら，子どもたちのやる気を引き出すことは，高学年ではとても重要なことです。

·························· アクティブ・ラーニングって何？ ··························

吉野 昨年，三田先生の学校近くの商店街では，毎週末のようにヘイト・スピーチが行われました。外国籍の人への憎しみをあおるような言葉に子どもたちも接するようになり，子ども自身から，「大久保ツツジなんて，今はそれどころではないんじゃないか」という発言があったと聞いています。そういう子どもの発言に対して，先生はどのように対応したのでしょうか。

三田 まず，話し合いの場をつくり，多様な価値と出合わせるようにしました。様々な人の意見を聞くことによって得た情報を，思考ツールを使いながら整理します。さらに，地域の方を交えて話し合いをしました。話を聞く授業の場合には，一方的に大人が話をし，子どもは質問するスタンスになりがちですが，それを大人と子どもが議論するスタンスに変えていきました。わたしがファシリテーターになり，出てきた意見を板書しながら話し合いが進行します。最初は教えてあげるという姿勢だっ

た大人も，次第に本気で話すようになりました。

吉野 議論は，どの方向に向かっていったのでしょうか。

三田 大久保ツツジは，あくまでも手段です。大切なことは，人と人とがつながる町にすること。それを子どもたちは，先輩からも地域の人の言葉からも，きちんと受け取っていました。ところが，街では大規模なヘイト・スピーチが行われています。大久保ツツジだけでは足りない。では，どうするのか。人と人とが仲良くなるためのポスターをつくろうという案が出ました。でも，ポスターを貼っても，その数では負けてしまう。量で勝負にならないならば，質を考えようということになりました。そして最終的に子どもたちは，ツツジを描いたベンチを公園に設置するという活動を行いました。ベンチに座れば，人と人との会話が生まれ，仲良くなるきっかけになるだろう。これまでになかった取り組みだから，人の心に響くかもしれない。そしてベンチは残るものだから将来につながる，と子どもは考えたようです。

▲公園に設置されたベンチ

石堂 喫緊の課題は，子どもたちの日常に直結して返ってきますので，それを適宜，取り上げることは大切ですね。わたしも，前任校には外国籍の子どもたちがいました。その年の総合的な学習の時間のテーマは，環境を通した地域貢献でしたが，全体カリキュラムに余裕をもたせて，10数時間のショート単元で多文化共生をテーマに取り上げたことがあります。それによって子どもたちの日常が変わりました。何より外国籍の友だちに対する接し方が変わりました。そういったことに柔軟に対応できるのが総合的な学習の時間のよいところだと思います。

吉野 石堂先生は子どもたちに議論をさせるときに，どんな工夫をしますか。

石堂 話し合いは基本的に「個」「グループ」「一斉」と，学習形態に変化をつけて行っています。まず，グループで各自の思いを話し，整理しま

　す。次に，グループの思いをクラス全体に伝えます。このスタンスでいくと，次は，同じ学年に学校全体に意見を伝えようとなります。さらに，地域のみなさんにも広めよう，という活動につながっていきます。これがアクティブ・ラーニングのベースになると考えています。

三田　アクティブ・ラーニングの基本は，総合的な学習の時間のねらいと同様に，「探究」や「協働」ということだと思います。ただ子どもたちが体験し，話し合いをすればよいということではなく，「子どもの頭がフル回転しているか」「能動的になっているか」ということが重要ですね。

石堂　能動的な学習を実現するためには，子どもたちの思考が途切れないようにしなければなりません。そのためには，個々の授業がバラバラではだめで，子どもたち自身の疑問や気付きを基本に，「次の授業ではここを学んでいくよ」という見通しをもたせてやることが大切です。子どもたち自身が「もっと学びたい」「活動したい」という思いをもつことを重視した学習ではないかと思います。

三田　だから教師は，今まで以上に，「どのようなねらいで授業を行うのか」「どんな構成や人数で話し合いをさせるのか」など，計画をたてて準備することが必要です。そして，子ども自身が動き始めたときには，それに柔軟に対応し，寄り添うことができる謙虚さをもつことが大切になりますね。

COLUMN 2 総合の授業の組み立て方

一人ひとりの気付きや疑問を重視し，探究する力を養う授業づくり
～スタートの3年生でおさえたいポイント～

1 はじめに

　小学3年生から，社会科，理科，総合的な学習の時間が始まる子どもたちにとって，各授業への期待や関心は高いです。特に活動がイメージしづらい総合的な学習の時間こそ，授業の面白さに気付かせ，主体的に学びたくなるような環境にする必要があります。

2 具体例をもとに～わくわくドキドキ☆しんぐう自ぜん研究所～

(1) テーマ設定のコツは教科関連！

　総合的な学習の時間の経験がない3年生が，地域の学習材を活用し，主体的な学びを展開するために大切にしたいことは，「子どもたちが活動をイメージしやすくすること」です。そのためには，身近な地域や生き物を扱う社会科や理科の学習内容と関連させることをおすすめします。

　本単元「わくわくドキドキ☆しんぐう自ぜん研究所」（以下自ぜん研究所）では，活動のスタートに，社会科の町探検での気付きを生かすことにしました。まちを歩いたり，写真1のように，インタビューをしたりする過程で，アユに興味を示す子が増えました。実際に生きたアユを見たことがない子が多い現実を受け，写真2のように，揖保川漁協の協力のもと，アユの稚魚放流を行い，活動の振り返りを行ったところ，子どもたちから，「おじさんが言っていたけれど，アユのい

写真1 インタビュー

写真2 アユの稚魚放流

る川は本当に水がきれいなのかな」や，「この揖保川はどこから流れているのかな」といった疑問が出てきたのです。3年生では，このような子どもたち一人ひとりの疑問や気付きを大切にすることが，子どもたちの主体的な学びをつくるきっかけとなるのです。

　そこで，これらの疑問をみんなに投げかけ，解決するための計画づくりをしました。ここで大切にしたいことは，予想と方法を明確にしておくことです。これは，教科学習にも欠かせないことです。総合的な学習の時間と教科の学びを連動させることが確かな学びにつながることから，「自ぜん研究所」の学習でも重視しました。

写真3 水生生物調査

　一つ目の疑問については，グループごとに方法を出し合い，整理した結果，写真3のように，水生生物調査をすることになりました。方法を出し合う過程では，図鑑やパンフレット等の図書資料を集めたコーナーをつくっておくことで，具体的な方法と出合わせやすくなりました。

　二つ目の疑問についても，図鑑をもとに，山を予想したグループがありました。ただ水の循環は4年生での学習内容でもあり，川の始まりが山だとイメージできない子も多かったことから，揖保川の支流である河川の源流に行き，その様子を見学したのです。この体験活動によって，全員が，川の始まりは山だと理解できました。

(2) 意欲をかき立てる場の設定を！

　学級減による空き教室ができたことから，3年生教室に隣接する教室を

写真4 「自ぜん研究所」の様子

「自ぜん研究所」として利活用したいと考えました。教室全体を活動のポートフォリオとして，体験活動からの気付きや整理・分析した結果を具体的に可視化することで，子どもたち自身の主体的な学びへの意欲の高まりに期待したのです。

4月にはみんなで決めたテーマ「ひみつをさがそう，伝えよう」の掲示物しかなかった教室が，写真4のように，活動ごとに気付きを整理・分析し，誰が見ても楽しめるように掲示することを共通理解しました。その結果，毎日のように登校してきた子からこの教室に集まり，掲示物を確認したり，次の活動への見通しを立てたりするようになったのです。この教室の利活用によって，活動への目的意識とこの教室を訪れる人への相手意識が高まった結果だと思いました。また，子どもたち一人ひとりを研究員として任命したことも，3年生にとっては，一層意欲的に活動したいと考えるきっかけになりました。

総合的な学習の時間で子どもたちが主体的に活動するためには，学習ステップに応じた場の設定を工夫する必要があります。例えば探究ステップでは，活動場所やゲストティーチャーについても配慮しなければなりませんし，上述のような表現伝達ステップでは，聞き手や読み手を意識した場の設定が必要なのです。

(3) 活動は思考スキルを効果的に！

子どもたちの活動への教師の言葉がけは，「比べよう」や「分類しよう」など，具体的なほうがイメージしやすく効果的です。「比べる」や「分類する」などをまとめて思考スキルというのですが，探究する力を養うためには，思考スキルを効果的に活用することをおすすめします。

「自ぜん研究所」の活動では，「比べること」を重視し，場を設定しました。例えば理科で学習したチョウと新宮とかかわりの深いカイコを卵から飼育し，変態の様子を比べたり，たつの市の特産である紫黒米とうるち米とを田植えから栽培し，生育過程や水田に集まる生き物を比べたりしました。資料1のように「ベン図」を使って比べると，共通点や相違点が明確にな

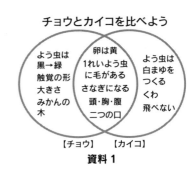

資料1

```
自ぜん研究所の発表について
■しょう待する人
①お世話になった方（感しゃの会）
②お父さん，お母さん
③地いきの方（お年より）
④4～6年の子
⑤1年の子
⑥2年の子（引きつぎ会として）
■時間
9:30～10:30
■方法
具体物をもとに会話のように伝える。
```

資料2

写真5 対話型発表

り，コーナーの文章もより具体的に書き上げることができました。

(4) 伝えたい思いを大切にしたい！

「自ぜん研究所」が充実してくると，子どもたちは，この場所に誰かを招待し，見てもらいたいという思いが強くなりました。話し合う過程で，より多くの方を招待したくても，スペース的に人数を制限しないといけないことから，資料2のように，複数回に分けて紹介することになりました。

発表する機会については，子どもたちと企画段階から話し合うことが大切です。よく見られる発表は，グループごとに自分たちの活動で学んだことを発表する方法ですが，この場合，相手意識が高まらないことが多いように思います。相手意識を高める機会にするためには，写真5のような，聞き手との対話型発表にすることが重要です。このような発表をするためには，具体物をもとに説明することが重要であるとともに，「くま手チャート」のような分析シートをもとに，発表を振り返り，次の発表に生かす工夫が大切です。

3 おわりに

3年生の子どもたちは，一人ひとりの気付きや疑問を重視することで，意欲的に学びをつなげようとします。探究する力を系統的に高めるためにも，総合的な学習の時間のスタートとなるこの学年が重要なのです。

兵庫県たつの市立新宮小学校 教諭　石堂　裕

COLUMN 3
総合の授業の組み立て方

総合的な学習の時間を
アクティブ・ラーニングにするために
～高学年でおさえたいポイント～

················ **1　地域の材から魅力あるテーマを紡ぐために** ················

(1) テーマを紡ぐ六つの視点

　テーマを設定する際，次の6つの視点をクリアにすることで，単元の
アウトラインが描きやすくなります。

□育てたい資質・能力及び態度　　□教師の思い

□子どもの実態，興味や関心　　　□地域の特色や地域の願い

□地域とのかかわり　　　　　　　□探究的な活動のイメージ

視　点	第6学年「大久保ツツジで人がつながるまちにしよう」 単元設定の理由
地域の特色や 地域の願い	本校の学区は，江戸時代後期から昭和初期にかけて，ツツジの名所として広く知られていたという歴史をもつ。本単元は，宅地化や戦災などにより姿を消した「大久保ツツジ」をもう一度大久保の地に戻し，「ツツジのさと」として魅力あるまちづくりを進めようとする地域の願いに着目した単元である。多文化共生という特色をもつ新宿区大久保では，国籍に関係なく地域の一員として自覚をもって社会にかかわる態度を育てることが地域の願いでもある。
教師の思い	地域が注目する題材をテーマに，自分たちの提案や行動が地域のよりよい未来につながっていくような夢のもてる単元にしたいと考えた。
地域とのかかわり	子どもは，大久保地区協議会を中心とした地域の方との協同的な活動を通して，よりよいまちづくりに対する地域の人の前向きな姿勢や郷土を愛する心に触れていく。
探究的な活動イメージ	このようなかかわりを通して高められた「大久保ツツジで人がつながるまちにしたい」という提案への切実感が，調査やその分析の必要感をもたせ，よりよい提案になるよう根拠に基づいて考えをまとめ，表現していく活動につながると考えた。
育てたい資質・能力・態度	地域・社会の一員としての自覚をもち，参画的な態度を育て，自分の生活やこれからの生き方について考えられるようにすることをねらいとしている。

(2) テーマ設定から単元構想へ

　前述の単元は，自ら地域社会に参画する態度の育成をねらいとしていま
す。そのため，「地域」の視点から，「探究的な活動のイメージ」を掘り下

第1章　コラム

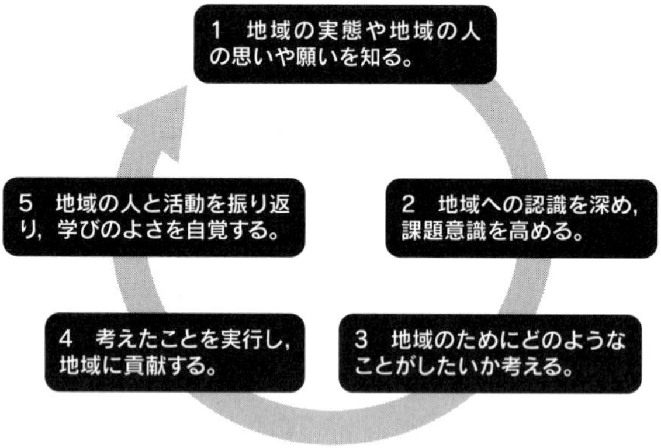

```
                  1  地域の実態や地域の人
                   の思いや願いを知る。

5  地域の人と活動を振り返              2  地域への認識を深め，
  り，学びのよさを自覚する。            課題意識を高める。

     4  考えたことを実行し，       3  地域のためにどのような
      地域に貢献する。          ことがしたいか考える。
```

**図1　「子どもが地域社会に参画する過程の明確化と地域との
継続的なかかわり」**

げることで，以下に示すような地域とのかかわりの価値を見出すことができます。

・子どもと地域が同じ目的に向かって活動できるような互恵性のあるテーマに着目することにより，地域の協力が得やすく，子どもが，地域と問題点や喜びを共有できるよさがある。【「地域の特色や地域の願い」の視点】

・地域との意図的で継続的なかかわりや，地域の大人からの活動の節目における評価は，子どもの追究意欲を持続させるために有効である。【「地域とのかかわり」の視点】

・図１のように，子どもの探究的な活動における地域との連携を見通すことで，単元指導計画の作成や局面ごとの授業のねらいを，より一層明確にすることができる。

………… **2　子どもの主体的，積極的な話し合いの姿を求めて** …………

(1) 思考ツールを活用した授業設計のポイント

　「高学年になると子どもたちは，話し合うことに消極的だ」という声をよく聞きますが，子ども相互の活発な話し合いが展開されるためには，子どもにとって話し合う必然性や，話し合うための論点が明確になっていることが前提です。教師の意図とは別のところに子どもの意識があり，そのズレを強引に修正しようとするがあまり，不明瞭な指示や発問を繰り返したり，それを補うための余計な説明を重ねたりすることはないでしょう

か。これでは，次へとつながる課題や活動の生成は期待できませんし，当然，子どもにとって話し合うことへのプラスのイメージは望めません。

だからこそ，①話し合いの目的を明確にし，②授業のゴールイメージを定め，③そのための学習活動を明確にすることが大切です（図2）。

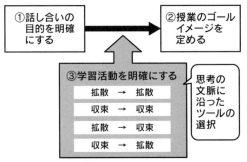

図2　授業設計のチェックポイント

明確な学習活動とは，例えば，子どもにどのような思考を発揮させたいのか（図3），そのための学習形態をどうするのか（個別，グループ，全体）等について具体的にすることです。その上で，思考ツールを選択するという手続きを踏みます。だから，期待する思考活動（目的），それを引き出す思考ツール（方法）及び学習形態（環境）のミスマッチが起こりにくくなるのです。こ

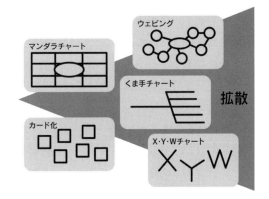

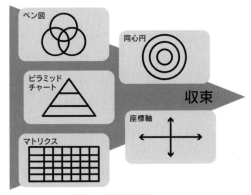

図3　思考のパターン

のように授業のイメージを鮮明にすることによって，学び手中心の学習指導が一段と現実味を帯びてくると言えます。

(2) 思考ツール活用の心得

思考ツールは，その形のもつ影響力によって，目的と方法が一致してい

ない場合でも，子どもは意欲的に思考活動を展開することがあります。また，目的と方法が一致していても，思考ツールが子どもの発達段階に合わずに思考活動が停滞することもあります。こうした状況を打開するために，わたしは，子どもたちに三つの質問をすることがあります。それは，「何について話し合いたいのか（目的）」「どのように話し合うのか（方法や学習形態）」「それをすることでどのようなよいことがあるのか（意味や価値）」です。もし，自分の想定した授業設計と子どもの意識にズレが生じていると感じた場合は，潔く修正を加えるようにします。思考ツールは，子どもにとって学習のイメージがもちやすく，簡便性が担保されることが肝要です。思考ツールの活用が目的なのではなく，あくまで子どもの思考を促進させるための手段であり，探究的な活動を質的に高めていくための道具であることを改めて確認しておく必要があります。そういう意味において，三つの質問は，自分の授業を客観的に振り返るための視点であるとも言えます。

(3) 問われるのはファシリテーターとしての教師の力量

　教師には，ファシリテーターとしての姿勢や力量が求められます。例えば，シンプルで明瞭な発問，子ども一人ひとりの考えをつなぎ，瞬時に整理しまとめる板書力，予想外の子どもの反応に対する適切な評価や柔軟に対応する力等があげられます。また，思考ツールの選択や学習環境の整備など，用意周到な準備も欠かせません。こうした教師の間接的で高次な支援によって，子どもたちは，最後まで目的をもって話し合いに参加し，授業の終わりには新たな課題を見出すことができます。高学年ともなれば，教師を手本に，話し合いを推進する子どもも見られるようになるでしょう。アクティブ・ラーニングが注目されている今，勇気をもって指導観を見直し，ファシリテーターとしての教師の力量に一段と磨きをかけたいものです。

東京都新宿区立大久保小学校 主幹教諭　三田大樹

第2章 海の学校編

兵庫県相生市立相生小学校
大分県中津市立北部小学校
東京都中野区立中野本郷小学校
熊本県水俣市立袋小学校
……………………………………………… 取材・執筆　大浦佳代

各事例への提言 ……………………… 執筆　村川雅弘

COLUMN 4
共存の森ネットワークの活動 ………… 執筆　吉野奈保子

津波からふるさとを守る！
~兵庫県相生市立相生小学校の取り組み~

❶ 相生湾と相生の町

造船業とともに発展した町

　「相生の名物って何ですか？」5年生に聞いてみた。「カキ！」考えるまでもないよ，という感じで全員が即答する。「他には？」しばし考え込む子どもたち。後ろで先生が，「チリメンジャコ，イカナゴのくぎ煮，メロン，ペーロンもあるやろ」とささやくが，ピンとこないようだ。

　ピンとこないといえば，5年生はわずか5人，全校児童51人のこの小学校にかつて2000人が通っていたことも，この子たちには信じられないに違いない。相生は，大型船の建造数世界一を誇った石川島播磨重工業の城下町として発展してきた町だ。関連産業のすそ野も広く，相生小学校のある相生地区には家々の軒がひしめいた。「スーパーが4店，魚屋が6軒，映画館も2館あって賑やかだったんですよ」と，生粋の相生っ子の樋本純子校長は懐かしむ。

　相生を「西の神戸にしよう」と造船所がつくられたのは1907（明治40）年。戦後の高度経済成長期に絶頂期を迎えるが，やがて日本の造船業は国際競争の中で陰りを見せ始め，1987（昭和62）年に相生から造船部門は撤退。一つの時代の幕を閉じたのだった。

　相生が造船で栄えたのには，地形が大きく関係している。造船所の立地は，穏やかな海と水深が条件だ。地殻変動の隆起と沈下が交互する瀬戸内海で，相生を含む揖保川から千種川の間は，沖積平野が海に滑り落ちた典型的な「沈降海岸」だ。山が海に迫り水深もある。なかでも相生湾は内陸へ6kmも細長く切れ込み，湾奥の幅はほんの250mほど。海というよりまるで川だ。湾内は静穏な海域になっている。

　一方，山が海に迫る地形では平地が少なく，人間活動の場は埋め立てで確保するほかなかった。造船業の発展とともに，町は埋め立てで拡張され

つづけてきた。相生地区では現在でも，港を埋め立てて相生市文化会館「なぎさホール」の新築工事が行われている。

海抜の低い町は，本稿のテーマの津波防災の点から見ると危機にさらされている。南海トラフ地震では3m以上の津波が押し寄せ，相生の町は半分以上が浸水することが予測されているのだ。

カキが名産になった理由

造船撤退のちょうどその頃，反対に勢いをつけてきた産業がある。それが，子どもたちの"名産イチオシ"カキの養殖だ。

相生市の漁村は2地区で，相生湾の湾口に突き出す二つの岬の内側に向かい合う。東の鰯浜(いわしはま)地区と，西の坪根(つぼね)地区だ。どちらも切り立った岬のわずかな平地に集落と漁業施設がある。

カキの養殖場は両岬の間に浮かぶ蔓島(かずらしま)周辺で，揖保川，千種川など播磨(はりま)五川(ごせん)が運ぶ豊富な栄養分と，潮通しに恵まれている。種苗は穏やかな湾内で守り，栄養豊かな蔓島周辺で太らせる期間はわずか半年ほど。くせがなく身が縮まない「1年カキ」として，同じ西播磨の赤穂(あこう)，たつの，姫路産とともに県のブランド水産物になっている。

相生漁業協同組合に聞くと，相生湾でカキ養殖が始まったのは昭和50年代。魚があまりとれなくなったことから，経営を維持するために導入されたという。平成に変わるころ本格的な生産が始まり，15年ほど前から生産量が増えて相生の名産となった。

その陰には，技術の研鑽，漁場の海底清掃などの努力もあるが，海の環境が改善されたことも大きい。「昔の相生湾は油が浮いて，水はさび色に濁って本当に汚かったんです。今は見違えるほどきれいになりましたよ」と，樋本校長も海の環境の変化に目を見張る。

現在，18軒がカキ養殖を営み年間の水揚げ金額は7億円前後。後継者も育っている。市内の飲食店がカキ料理を創作して食べ歩きマップを配布するなど，商業や観光にもカキはひと役かっている。

相生は昔も今も，海によって生か

▲港からのぞむ相生地区。
中央クレーン下がなぎさホール

されているのだ。

❷ 郷土学習と海の学習

ふるさと大好きプロジェクト

　小学校の２階の教室から眺めると，向かいの山が目の前だ。ホトトギ
スの声が響き，海までほんの 700m とは思えない。相生地区は，細く急
な大谷川沿いのわずかな平地に開けた旧中心街だ。学校から川沿いに下る
と，海岸の埋立地に出る。対岸には IHI（旧石川島播磨重工業）のドック
や工場の連なりが，思いがけない近さで迫る。

　同校の校区は，相生から南の相生湾沿岸で，湾の東岸の谷戸田の田園風
景が広がる野瀬，湾口の漁村の鰯浜，相生の３地区から子どもたちが通
う。戸数が多いのは相生で，最盛期の造船所で働いていた人も多い。そん
な 70〜80 歳代が学校の安全支援ボランティアの中核となり，毎朝，通
学路で子どもたちを出迎えてくれる。彼らはまた，地域の伝統芸能，「獅
子舞」の指導者でもある。

　このような地域の郷土学習を同校では「ふるさと大好きプロジェクト」
と名付け，生活科と総合的な学習の時間で取り組んでいる。

　各学年のテーマを見わたしてみよう。１・２年生は「あきまつり」だ。
播磨地方では獅子舞が盛んで，地区ごとに競い合うという。獅子舞には小
学校１年生までの男の子が化粧をして参加する「綾子」の風習があるが，
小学校では獅子，綾子，太鼓と拍子木を児童が分担。手づくりのお神輿も
担ぎ，学習発表会や老人福祉施設で披露するという。

　３年生と５年生の大テーマは「海とのかかわり」だ。３年生は「ふる
さとの海となかよくなろう」と題し，６年前からカキ養殖の体験学習を
行っている。５年生は相生湾にテーマを定めた「相生湾プロジェクト」
で，昨年度からは津波に備える防災教育を行っている。

　一方，４年生と６年生の大テーマは「人とのかかわり」だ。４年生は
福祉に取り組む。「やったる DAY」と題し，市の福祉協議会による認知症
サポートの子ども向け講座を受講。修了証のオレンジ色のリングを手首に
つけ，地区の老人福祉施設「おおの家」と交流する。また，障がいや児童
福祉についても体験と交流を通し学んでいる。

　６年生のテーマは，相生の歴史だ。５年生までに地域の漁業者やお年寄

りなど多くの人たちと触れ合った経験から，地域の歴史について掘り起こし，歴史カルタの創作で表現する。少人数校なので，後輩に引き継ぎながら数年をかけて完成させていくという。

樋本校長は，6年間を通した学習の組み立てを次のように話す。

「この地域には，自然と人の営みの学習素材が詰まっています。2年生では獅子舞のほかに町探検もして，魚屋さん，駄菓子屋さん，公民館などを訪ね地域の人とも触れ合います。カキの学習をする3年生までに地域のよさを体験し，4年生からは地域の課題を自ら見つけ探究させます。話し合いながら自分の考えをまとめて発表し，学習したことを最終的に暮らしや将来に生かせる教育をめざしています」

市環境課が協力するカキの学習

津波防災に取り組む5年生は，3年生のときに海の自然や環境，カキ養殖について体験的に学んでいる。5年生の「ふるさとを守る」気持ちがどのように育まれているのか，ちょっとのぞいてみよう。

カキの学習は今年で6年目になる。樋本校長は6年前，教頭として相生小学校に赴任。「身近にある海の学習を是非やってみたい！」と考え，3年生の担任と話すうちに特産物のカキに思い当たったという。

これに協力したのが，相生市環境課の大角潤矢係長だ。水産課ではなく環境課なのには訳がある。相生市では10年以上前から海の環境教育に取り組んでいて，5年前には環境省の支援で里海づくりの協議会が発足した。環境課が事務局となって市内の小学生の「相生子ども里海クラブ」を運営し，年間10回ほどの海に特化した環境学習を行っている。カキの養殖体験もその中に組み込まれているのだ。

「子どもの頃，野瀬地区にすばらしい干潟と磯があって，毎日のように生き物と遊んだりとって食べたりしていました。惜しいことに干潟のほとんどが埋め立てられてしまいましたが，あの感動や海の環境の大切さを子どもたちに伝えたいんです」と，大角さんは目を輝かせる。

相生小学校3年生のカキの学習は，そんな情熱をもった大角さんが計画をたて，単なる体験を超えた学習プログラムにつくり上げている。例年の流れは，

6月：カキの種つけ体験

7月：兵庫県水産技術センター（明石市）でカキの生態や生活史の学習

9月：生育の観察，蔓島での海岸清掃
11月：生育の観察，水産加工会社でカキむき体験
2月：親子で水揚げ体験

の全5回だ。漁場での体験は，漁協が相生小学校専用の区画を確保し，生育過程から加工流通まで一貫して学べる。

　担当の漁師は2年交代で，指導にはそれぞれの個性が光る「おまけ」が付く。イカナゴ漁も営む漁師は，網に入ったマンボウを生かしておき，かご漁もする漁師は見学の際にかごを引き揚げて，とった魚を見せてくれた。生の漁業体験に，子どもたちは大喜びだったという。

　今年6月の種つけの学習では，林野庁森林管理署の職員を招き，漁船の上で森・川・海のつながりの話を聞いた。7月の水産技術センター訪問では，質問を用意していった。9月の蔓島の清掃では，集めた漂着ゴミを学校に持ち帰る。分類と分析を行うことで，海の環境を考える学習にしているのだ。これに収穫し食べる体験が加わり，子どもたちはふるさとの海を身体に取り込む。実に深みのある学習だ。5年生の子たちがカキを「相生の宝」というのがうなずける。

　カキの学習を始めた年，子どもたちは学習の成果を「かきの歌」の作詞作曲で表現した。翌年はゆるキャラ「カッキー」を創作。「カキの販売促進に役立ててほしい」という子どもたちの思いに漁師はメロメロで，恒例のカキ祭りでは必ず「かきの歌」が会場に流れるそうだ。

　このような海の学習を継続していることが評価され，同校は2013（平成25）年度の兵庫県「グリーンスクール表彰」に輝いた。ちなみに，翌

▲3年生のカキの養殖いかだ見学

▲ゆるキャラ・カッキー

年の表彰式での発表は，今年の5年生の児童が行ったという。

❸ 地域の課題を「自分ごと」に

津波防災の探究は何のため？

　いよいよ5年生の防災学習に話を進めよう。5年生の担任は，昨年度も今年度も金井唯先生だ。相生市の西隣の赤穂市出身で，教員になって7年目。昨年度から相生小学校の教壇に立っている。

　「昨年度の初め，『相生湾プロジェクト』のテーマで悩みました。前年度はIHIでしたが，子どもたちはあまり感じるところがない印象でした」

　そこで，阪神淡路大震災からちょうど20年にあたり，また金井先生の母親が兵庫県防災士であることも念頭にあって，地震と津波の防災に光を当ててみることにしたのだという。

　「3年生でカキを通してふるさとの海に親しみ豊かさを学び，4年生ではお年寄りと交流して福祉を学んでいます。海辺の防災は5年生にはぴったりのテーマだと思いました」

　テーマ設定と問題意識の形成にはたっぷり6時間をかけ，「自分たちが地域を守る」という強い思いを子どもたちは抱いたという。「子どもたちは積極的に課題に取り組みましたが，学習の進め方には反省が残ります」と，金井先生はいう。教師が介入し過ぎたというのだ。

　昨年度の学習は，相生市在住の兵庫県防災士を招くところから始めた。災害や防災の知識が乏しかったためだ。まず教室で防災士から防災のイロハを学んだのち，校区の3地区を防災士と一緒に歩いた。子どもたちは防災という新しい視点で自分の地区を見直し，多くの発見をしたという。しかし「気付きを引き出し切れず，教師や防災士さんがひっぱり過ぎてしまった」と，自己採点は辛めだ。

　町歩きの発見をもとに，昨年は3地区の「地震・津波マップ」をつくることにした。その導きにもつまずきがあったと金井先生は言う。情報を多く盛り込むことに夢中になって，いつしかマップの完成が目標になっていたのだ。マップが完成間近のある日，先生はハッと気付く。「マップづくりは自己満足でしかない。それで命は救えない。もう1度地域に目を向け，調べたことをどう伝えるか，自分たちに何ができるか，それを考える学習こそが大事なはずだ」と。

学習の成果は，学習発表会と防災訓練で発表することになっていた。その場で「地域の人にいかに伝えるか」という新たな課題に，子どもたちは真剣に取り組み始めた。その成果を示す発表の日，子どもたちは地震と津波のしくみ，被害の予測，避難の心得や方法，避難場所などにつ

▲発表の様子

いて，端的にわかりやすく記したパネルを次々にかざしながら，はっきり大きな声で訴えかけた。集まったお年寄りたちは大喝采で，「市の説明よりわかりやすいよ」と，口々にほめちぎっていた。

　「迷走もありましたが，この学習を通して子どもたちは地域をより深く見つめることができたと思います。地域の人を守りたいという使命感をもって学習し，自分が地域の一員だという自覚が育まれたと感じています」

　昨年の学習の成果を，金井先生はそう締めくくった。

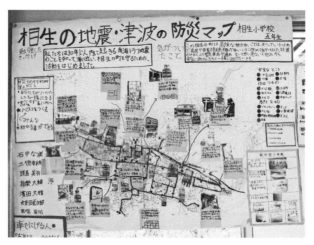
▲完成した防災マップ

気付きと「自分ごと」を大切に

　そして今年度，再び5年生担任となった金井先生は，昨年の反省を生かそうと静かに燃えたに違いない。今年の児童は女子4名，男子1名の5名。住む地区は，相生一人，野瀬二人，鰯浜二人だ。

　今年度の単元構想図を次ページに紹介する。

単元構想（全54時間）　　　　　　　　　　　　☆は評価の視点

相生湾プロジェクト
～ふるさとの命を守るために　自分たちができること～

つ	第一次
か	ふるさとの命を守るために自分ができることを考え計画をたてよう。
む	（8時間）

○相生湾にひそむ災害について考えよう。
○ふるさとの命を守るために自分ができることを考えよう。
○計画をたてよう。
☆自分自身が今取り組むべき課題を見出すことができたか。

第二次
ふるさとの命を守るために自分の課題について調べよう。
（20時間）

○自分の課題について調べよう。
☆課題解決のために必要な情報を収集し，得た情報を整理・分析することができたか。

第三次
調べたことを地域の方に知らせよう。
（22時間）

○調べたことをまとめ，地域の人に伝えよう。
☆学んだことを自分自身の言葉でまとめて自分の考えを明らかにし，聞き手に合った方法で伝えることができたか。

第四次
単元を振り返り，課題を4年生に引き継ごう。
（4時間）

○地域の人や保護者の感想をもとに，学習を振り返ろう。
○単元を振り返り，課題をまとめ，4年生に託そう。
☆学習の成果から達成感や自信をもち，自分や仲間のよさ，可能性に気付くことができたか。

[日常化への実践力]
自分や周りの命を大切にする

　導入には去年の5年生がつくったマップを見たり，南海トラフ地震と相生の被害について金井先生が話したりした。しかし今年の子たちは受け身で，災害への危機感も自分がふるさとを守るんだという思いも薄いという印象だった。そこで課題の発見では，子ども自らの気付きを促すことを

意識し，できるだけ「自分ごと」にできるよう個人の課題をもたせようと考えた。昨年度とは違い，一人ひとりが自分の課題を探究することにしたのだ。

　課題の発見は，午前中を丸ごと使った「町歩き」で行うことにし，子どもたちが住む相生，野瀬，鰯浜を防災の視点で見て歩いた。昨年は防災士から"教えられる"ことが多い町歩きだったが，今年は先生と児童だけで歩き，昨年防災士から学んでいる金井先生が子どもたちの気付きをうまく引き出し拾い上げていったという。

　次の授業では「地震・津波から自分の命やふるさとを守るために知りたいこと・したいこと」を念頭に，個人が取り組む課題を決定し，発表と意見交流を行いながら探究プランをたてる作業まで進んだ。

"個性が光る"一人に一つのテーマ

相生湾プロジェクト　〜ふるさとの命を守るために　自分たちができること〜（探究プラン）

小学生にも わかりやすい 海抜表示をつくる	どうしたら津波から 相生のカキを 守れるのか	どうして なぎさホールを つくるのか	お年寄りが安全に 避難するために どんな手助けができるか	各避難所の設備は 整っているのか
①海抜表示の決まりなどを市役所の人に聞く。 ②小学生にもわかりやすい海抜表示にするために，どんな工夫ができるか調べる。 ③海抜表示をつくるために，相生の町の海抜表示が貼られている場所・内容を調べる。 ④小学生にもわかりやすい海抜表示をつくる。 ⑤海抜表示を貼りに行く。	①カキの養殖をしている人にインタビューする。 ②相生以外のカキが有名な地域を調べる。 ③カキが有名な地域では，どのような津波対策をしているのかを調べる。 ★市役所の人に紹介してもらう→カキが有名な地域の市役所に問い合わせる。 ④震災の被害を受けた岩手県の現在のカキの養殖の様子を調べる。	①地域の人の思いを知るために，インタビューをする。 ②市役所の人にインタビューをする。 ・この場所を選んだ理由 ・地震・津波への対策 ・地域の人の思いに対する考え ③防災新聞にまとめる。 ④地域の人に配布する。	①地域のお年寄りの，地震・津波に対する意識を調べる。 ②避難所に行って，お年寄りが避難をする際に，役立つものがあるか調べる。 ③特別養護老人ホームのこすも倶楽部で働いている方に小学生でもできる手助けについてインタビューする。 ★おおの家で避難訓練をするか聞いて，するようなら参加させてもらう。	①避難所の場所を調べる。 ②避難所に行って，設備を調べる。 ・一時避難場所かどうか ・建物の広さ・耐震性 ・非常食や毛布などはあるか ・浸水しないための工夫はされているか ・避難所までの道のりの危険か所を調べる。 ③避難所の設備を調べた上で各自が用意しておくといたらよいものを調べる。 ④マップにまとめる。 ⑤地域の人に配布する。

　探究プランからそれぞれの課題を見てみよう。

　「小学生にもわかりやすい海抜表示をつくる」を課題とした児童は，電柱などの海抜表示が子どもの目線の高さに合わず，一時避難の内容もわかりにくいことに気付いたという。

　「どうしたら津波から相生のカキを守れるのか」という課題に挑戦する

104

のは男子児童だ。彼の家は鰯浜でカキ養殖を営み，「カキ養殖の社長になる」のが将来の夢。父親に「津波が来たらどうするの？」と聞いたら「自然には逆らえない。なすすべはない」と，最初から諦めていることが気持ちの引っかかりになっていたようだ。

「どうしてなぎさホールをつくるのか」という疑問を課題にした児童は，港の埋立地に建設中のなぎさホールはあまりに海に近いことを町歩きで体感し，「津波の被害を必ず受ける海辺に，どうして莫大なお金をかけて建てるのか」ということが，とても不思議に思えた。両親が話題にしていたのも気になったという。

「お年寄りが安全に避難するためにどんな手助けができるか」を課題にした児童は，4年生の福祉の学習や近所にお年寄りが多い生活実感からこの課題を選んだ。また，「各避難所の設備は整っているのか」を課題に選んだのは，野瀬地区に住む児童。町歩きの際，自分の避難所についてよく知らないことに気付き，興味をもったという。

それぞれの個性と生活環境が課題の設定にキラリと光っていて，探究と課題解決の方法がとても楽しみなテーマが五つ揃った。

④ 五人で共有し深める個人のテーマ

莫大な損失を伝えるか？

6月中旬，教室にお邪魔した。それぞれの探究プランのインタビューや調査などが一段落したところだ。今日の授業は「なぎさホール」について。「市役所にインタビューをしてわかった情報を整理し，発信すべき内容かどうか分析する」のが目標だ。

この課題を選んだMさんがまず，インタビューの結果とまとめ方の私案を発表した。目を引いたのは，個人のワークシートだ。課題，探究プラン，まとめ・伝えるプラン，振り返りの項目欄があり，進行カレンダーが付いている。普段は教室の後ろの壁にかけてあるが，発表のときは黒板に貼って，書き込みを見ながら話を進めていた。

発表が終わると，金井先生が黒板に「だれに？」「どんな方法で？」「何のために？」と書いた紙を貼り，Mさんに考えさせる。調査で自己満足するのではなく，「伝えること」「自分にできること」を考えるのが大事だと，頭と心にもう一度落とし込むためだ。

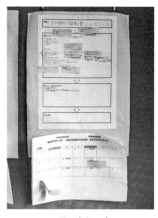
▲ワークシート

「だれに？」＝相生小学校の保護者に。「どんな方法で？」＝理科ノートのまとめのように，保護者にアンケートもする。では「何のために？」＝地域の人が安心できるように。こう，Mさんは考えをまとめた。

ここで，市役所の回答文の情報整理に進む。まず先生が，プリントした回答文の「海の近くになぎさホールを建てた理由」の項目を例に，子どもたちと一緒に情報整理をしていく。用意したツールは，A3判白紙の上部に見出し用の黄色い帯をつけたもの。回答文から「アクセスしやすさ」などのキーワードを子どもたちに見つけさせ，先生がふせんに記入し，A3判白紙に貼っていく。最後に「わかりやすく短い見出し」を考えさせ，「相生港に建設する理由」という言葉を引き出した。

やり方を理解したところで2班に分かれて情報をふせんに抜き出し，「避難誘導」「地震の対策」の項目の情報整理を完成させた。

つづいて，抜き出した情報をすべて発信すべきかどうかの「分析」に移る。A3判白紙に貼ったふせんの一つひとつを吟味していく。その中で「防災無線って何？」など，新しく調べる項目も見つかる。

先生が取り上げたのは「津波によるなぎさホールの損失は莫大」という情報だ。発信すべきかどうか子どもたちに投げかけると，「疑問に思っている人がいる。教えるべき」「ショックを受けるから教えないほうがいい」など，意見は様々。そこで先生は「情報は何のために伝えるの？」とさらに問いかける。すかさず「地域の人に安心してもらうため」と子どもたち。金井先生はそこを考えさせたかったのだ。最終的にMさんが，「知ると不安になるので，この情報は伝えない」と，みんなの意見をまとめて決定した。

金井先生は，五人だけのクラスでも，5通りではなく40人分の意見が出るよう心がけているという。「いろんな方向から考える習慣が，少しずつ身についていると思います。総合の課題で一つの方向が閉ざされると，じゃあこうしたら？と予想外のアドバイスが出て，ほーそうなるのか，と

驚くこともあります」と，うれしそうに話す。

相生のカキは僕が守る！

　翌日の２時間つづきの授業は，父親がカキ養殖を営むＴ君の課題だ。まず，Ｔ君がこれまでの探究の流れを発表する。探究の手始めは「津波からカキを守れるのか」について，父親と市役所にインタビューしたことだ。回答はともに「なすすべがない，諦める」と受け身。これがＴ君には不満だった。そこで，津波を経験した東北地方や他のカキ産地にインタビューをすることに。クラス全員で地図帳やインターネットで調べ，宮城県漁協と三重県の鳥羽磯部漁協をさがし出した。

　本時の目標は，その回答の情報を整理し，産地による違いを分析，発信の計画をたてることだ。三重県の回答は「チリ津波の経験から，コンクリートブロックにカキいかだを固定し津波対策をしている」というもの。宮城県の回答は「カキを守る方法はなく命を守ることが大事。津波があっても人やカキ種が残っていればまたカキはつくれる」というものだった。それを受けてＴ君が考えた発信の方法は，カキを守る方法をパンフレットにして鰯浜のカキ漁師に配るというものだ。

　発表が終わると，先生は「何のために？」を全員に問いかけた。「相生の名産のカキを守りたい」「カキを守る方法を知らせたい」という意見がつづき，Ｔ君からは「命が優先だけれど，諦めずにできるだけカキも守りたい！」という言葉を引き出した。

　ここでインタビューの整理にとりかかる。整理のコツをおさらいしてから，相生，三重，宮城の情報をふせんに書き出す。作業が終わったら模造紙の大きな表が登場だ。あらかじめ先生が，横列に「相生市，三重県，宮城県，比較して気づいたこと」，縦列にインタビューの項目だった「カキを津波から守る方法，守るためには，津波で流された後カキは作れるか，大切にすること，その他」と，書き込んである。

　この表に情報のふせんを貼り全員で共有したら，いよいよ分析だ。先生がフェルトペンを握り「比較して気づいたこと」を聞いていく。まず「大切にすること」の項で「比較して気づいたこと」について，子どもたちからは「命が何より大事」「助け合うこと，普段から話し合うことが大事」という意見が出る。先生はＴ君に「鰯浜の漁師さんは，津波について話し合っている？」と問いかける。

第２章　海の学校編

107

▲カキの情報を整理・分析した表

「話していないと思う」

「相生の漁師さんに何をしてほしい？」

T君はしばらく考えたが、「僕が発信することで、津波について考えて話し合ってほしい」と発した。

みごとに目標の焦点が定まった。

「比較して気づいたこと」の他の項目もまとめ，瀬戸内海の他産地の津波対策も調べるなど，新たな課題も見つかった。次はパンフレットの内容の検討だ。先生が全員に意見を求めると，「表の『大切にすること』を最初に書いて，そのあと守る方法などを伝えるといい」「危機感をもってもらうために被害の写真も入れる」などのアイデアが出る。

先生は，三重の津波対策には費用と人手がかかっていることに触れ，「伝える？伝えない？どう伝える？」と，子どもたちに問いかける。「お金より命が大事」「お金がかかってもカキがなくなるよりまし」「カキは相生の名誉だし，T君の将来の夢だから」と意見がつづく。先生は「相生小5年生全員のその思いを強く伝えられたらいいね。漁師さんが『よっしゃー』ってなってくれたらうれしいね」と，まとめた。

最後の課題は伝える相手だ。津波対策は漁師だけではできないし，カキは相生市を支えている。だから，漁協や市役所にも伝えたい。広報や新聞に載せてもらえば多くの人に伝わる。「話が大きくなるけれど，みんなはそれくらい大事なことをしているんだよ」と励ますと，子どもたちの目が輝き教室には高揚した空気が広がった。これはちょっと感動的なシーンだった。子どもたちが課題をしっかり「自分ごと」として考え，胸を張ってよりよい未来への発信をする自信をつけていく姿を目の当たりにした思いだった。

「ほめほめ」とアドバイス

　1学期の学習をまとめる夏休み前，ふたたび教室にお邪魔した。

　この日の目標は，これまでの探究を振り返り，新たな見通しをもつこと。評価の視点は三つ。

　「テーマに近付くための課題づくりを自分でできたか」

　「テーマに近付くために課題に合った情報収集を自分でできたか」

　「テーマに近付くために情報の整理分析を自分でできたか」

　すでに，◎○△と文章で自己評価シートの記入は終えている。

　視点を音読した後，先生が共通点を問いかける。「自分で」「テーマに近付くため」と児童。

　「テーマとは？」

　「ふるさとの命を守ること」

　子どもたちはきちんと理解している。

　今日の授業では，自己評価に対し他の児童が青いふせんに「ほめほめ」（ほめる），ピンクのふせんに「アドバイス」を書く。一人が自己評価を発表したら他の四人がふせんを書き，内容を発表してから相手の自己評価シートに貼ってあげる，という進め方だ。

　アドバイスはなかなか的確だ。「各避難所の設備」がテーマの児童が「整理分析」の評価を最低レベルの△にしたのに対し，「3地区の避難所をカキの分析のように表にしたら？」「町歩きで写真を撮っているので比べてみては？」などのアドバイスが並んだ。

　また，海抜表示を課題にした児童は，「自作の表示は電柱などにみだりに貼れない」と市役所から伝えられ悩んでいた。これに対しクラスメイトから，ゴミステーション，駄菓子屋さん，掲示板，お年寄りの福祉施設

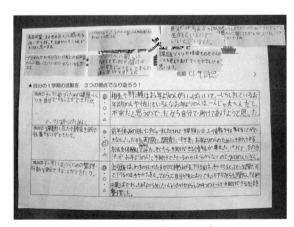

▲自己評価シートに他の子のふせんが並ぶ

など，貼れそうな場所のアドバイスが寄せられた。

　最後に金井先生は，五人の課題は別々でも「ふるさとの命を守る」という目的は一緒だと確認させ，授業を終わりにした。この日の授業でも子どもたちが活発に意見を出していたのが印象的だった。金井先生の指導が，他人の課題も自分の課題として考えさせ，話し合いで探究を深めさせていると強く感じた。

❺ 学習発表会でつけた自信と誇り

学んだことを劇にしよう！

　11月下旬，久しぶりに相生小学校の5年生に会いに行った。何だかみんな，少したくましくなったように見える。

　2学期に入ると，各自の課題探究と並行して，11月21日の学習発表会においてどのように成果を発表するかもテーマになった。金井先生は昨年の5年生のようなスタイルを予測していたが，子どもたちは「言葉だけじゃ足りないよね」「小道具も必要だね」などと，地域の人にどうしたら伝わるのかを真剣に話し合い，劇に仕立てることに決めた。

　五人は楽しそうにシナリオづくりに取りかかった。ところが，ドラマチックなセリフや物語性にとらわれ，気がついたら学んだことが入っていない。

　「劇作が目的になってしまい，これでは昨年のマップづくりと同じだ！」

　金井先生は，各自の学習シートから「命を守るために伝えたいこと」を改めて拾い出させ，それをセリフの素材にさせていった。

　こうして完成した劇は，地震の発生→海抜と避難表示（児童の作品）を頼りに避難→お年寄りの避難を介助→避難所で備品をチェック→なぎさホールの被害が小さかったことなどのうわさ話→鰯浜でのカキの津波被害と復活への希望，というストーリーで展開。学習成果の「伝えたいこと」もしっかりと盛り込んだ。例えば，津波の速さや高さ，避難所の備品だけでなく，非常持ち出し袋の準備も大事だということ，なぎさホールの立地の理由や地震津波対策，カキは種があればまた養殖できることや津波対策をしている地域もあること，などだ。また，福祉施設の避難訓練で学んだ，お年寄りの肘を支える介助法についても，劇中で実演していた。

地域の一員としてつけた自信

　「発表会で五人が自信をつけたのに驚きました」と，金井先生は目を見

張る。今年は4年生の前評判が高く，前日も練習での大きな声が五人の耳に届いた。先生は「ひるむかな」と思って見ていたら，「わたしらは言葉と動きで学びを伝えるのが目標」「そう，しっかり勉強して来たんだし」「大きな声よりも，きちんと伝わることが大事だよ」と，ちっとも揺るがなかった。

「実際に地域の人を前にする発表で，課題の探究に一層気持ちが入ったようです。1学期には自信のなさそうな小さな声だった子も，堂々と自分の意見を言えるようになりました」

これから残された時間で，五人はそれぞれ成果をまとめる予定だ。海抜表示は数パターンを完成させる。避難所の備品は表にするだけでなく，不足を補う非常持ち出し袋の準備も呼びかけるそうだ。Mさんは「なぎさホールの秘密」という1枚もののパンフレットをつくる計画だ。お年寄りの避難介助は，小学生を対象に絞り，「わたしにもできる方法」をパンフレットにまとめることにした。カキ調べのT君は，瀬戸内海の産地における津波への備えを調べた結果，津波の経験がないため防災意識が低いことに気付いた。これまで調べたことをパンフレットにまとめ，漁師や水産関係者に「瀬戸内海に合った対応を考えてほしい」と訴えるつもりだ。

金井先生は次のように考えているそうだ。

「成果物は地域の人たちに見てもらい，意見を返してもらう予定です。それを反映させた改善はおそらく今年はもう難しいですが，後輩に託してもいいと思っています。個々の課題を学級で共有したように，学校全体で地域の課題に取り組めれば…」

地域の一員として生きる五人が，個人の気付きから見つけた海の防災テーマをクラスの仲間と一緒に探究し，地域に還元しようとするこの学習。その過程で五人は，地域の一員であることの自覚を強め，地域を支える誇りと自信もつけていったのだろう。五人の目の輝きの強さが，この学びが一生の宝物になることを物語っているように思えた。

▲発表会の様子

兵庫県相生市立相生小学校への提言
～わたしの視点～

☝ 「ふるさとを守る」という同一目標の個人テーマ追究を全員で支え合う

　１学期のまとめの授業を参観した。各自の学習の振り返りとそれに対する相互評価である。総合的な学習の時間としては最も地味ではあるが重要な活動である。「今日は予定通りに活動できたか」「新たな課題が見つかったか」「次はどうするか」など，１時間１時間の振り返りも大切だが，それ以上に重要なのは一連の学習活動が終わった学期末や年度末の振り返りである。単元テストなどがない総合的な学習の時間において，子ども一人ひとりが取り組んだ課題や取り組み方等について自己評価を行うだけでなく，その過程において「自分のどのようなことが変容・成長したのか」「その変容・成長をもたらしたのは何か」を振り返らせることが極めて重要である。その際に，子どもどうしの評価や教師による評価で，本人が気付いていない変容や成長について気付かせてあげることが望ましい。

　本授業は，課題づくり，情報収集，情報整理の三つの視点から，各自が自己評価を行い，学級の中で発表し，他の児童から「ほめほめ」と「アドバイス」をもらう活動であった。

　教室に入り，男子児童がクラスに一人きりであることに驚く。５年生になるまでこの状態がつづいてきたことが予想される。おとなしそうに見える。あまり表情を出さない。わたしは幼少の頃，官舎に住み，七つ下の弟が誕生し物心つくまで二人の姉を含め向こう三軒両隣14名の女子の中でただ一人の男子だった。その自分自身に重ね合わせてしまった。

　しかし，彼の振り返りには凄まじい決意のようなものを見て取ることができた。それを部分的に紹介しよう（注：一部読みやすくするために漢字に直した。下記のコメントも同様）。

「直接ふるさとの命を守ってはいけないけれど，ふるさとの特産品の命

を守るということは，自分の夢や，未来の相生の人たちの命を守るということ」「たくさん課題に合った情報を自分で収集できた。1学期ではまだ一歩進んだだけなので，2学期から自分のふるさとと似た地域のことを調べる」「みんなと一緒に整理・分析することで自分の考えたこと以外にも意見が出たので，さらにテーマに近付くことができた」

本書の本文を読み，彼にこれだけの振り返りをさせる，数々のドラマがあったことをうかがい知ることができた。

彼の振り返りに対する同級生のコメントを拾ってみたい。「将来の命のためにいろいろな人からいろいろな情報を集められてすごい」「家の仕事に役立つ，地震を経験したところからの情報を集めるという思いつきがすごい」といった「ほめほめ」。「赤穂市，岡山，広島などのたくさんの情報を集めると，よりテーマに近付けると思います」「広島や岡山や赤穂など，似た気候のところを調べたらいいです」といった「アドバイス」。いずれも「自分ごと」のように考え，コメントをしている。

✌ 「自分ごと」への定着がポイント

全国の学校を訪問し，小規模校では共通に「主体性や表現力，コミュニケーション力の乏しさ」が指摘される。5名という少人数学級で，あえて「個人テーマ」追究をさせたところに金井先生のすごさがある。一人ひとりが自ら課題を設定し，その解決のために必要な情報を集め，分析・整理し，表現する。そのことにより，「自分ごと」として責任をもって追究活動をすることで，これらの力を伸ばしたいと考えている。「個人テーマ」追究でありながら，必要に応じて，集団による協力を設定する。その効果は，T君の「みんなと一緒に整理・分析することで自分の考えたこと以外にも意見が出る」という表現から見て取ることができる。他の児童の取り組みに対するコメントが「自分ごと」になっているのだ。

T君が，ある児童に書いたアドバイスは「プロの人に聞くに対しても，何を聞けばいいかをじっくり考えてからのほうがいいと思います」である。彼自身が様々な立場の人にインタビューをした経験から発せられた言葉だろう。学びがどっしりと根付いている。

今後もこのように，学びが定着していく授業をめざしてほしい。

村川雅弘

海の学校

干潟のすごさ,「海・川・山のつながり」を学ぶ
～大分県中津市立北部小学校の取り組み～

❶ 福澤諭吉,耶馬渓(やばけい),中津城&干潟

自然と文化に恵まれた土地

　今回,北部小学校を訪ねた訳は二つある。一つは,総合的な学習の時間だけを教える専門の先生がいること。もう一つは,地域教育にも力を入れる海の環境NPOが地元にあり,北部小学校の総合的な学習の時間の先生がこのNPOと連携して「海の教育」に熱心だと聞いたことだ。

　海洋国家でありながら,今の日本では「海洋教育」への取り組みが弱いように感じる。海の学習も体験学習などイベント的で,外部講師に「丸ごとお任せ」のケースも多々見受けられる。餅は餅屋で,これはある意味自然なことだ。しかし,単元の中で体験学習と授業をうまく融合させることができれば,「海の教育」はもっと深まるのではないだろうか…。そんな関心と期待を抱き,大分に向かった。

　まずは,北部小学校と地域の紹介をしよう。
　「学問を勤めて物事をよく知る者は貴人となり富人となる」
　「おさだめ 一,うそをつくべからず‥‥一,人のものをうらやむべからず」
　校内を歩くと掲示が目につく。そして,おっ,やっぱりありました。
　「天は人の上に人を造らず。人の下に人を造らず」
　大分県中津市は,かの福澤諭吉が育った地。保存されている旧居は北部小学校の校区内にあり,学校から徒歩数分の近さだ。そのご縁から,めざす児童像も「ゆたかな子　きたえる子　ちえのある子」と,諭吉先生にちなんだ語呂合わせになっていて微笑ましい。

　中津市は大分県の一番北西に位置し,福岡県と接している。2005(平成17)年に沿岸の旧中津市と,山国川(やまくにがわ)流域の三光村(さんこうむら),本耶馬渓町,耶馬渓町,山国町が合併。英彦山(ひこさん)など千メートル前後の山々を水源とする山国

川水系の流域が、すっぽり新中津市の中に納まることとなった。

　英彦山は修験道の山で、開山は6世紀にさかのぼる。また、山国川上流部の耶馬渓は、その渓谷の美しさで全国的に知られている。山国川は中・下流域で田畑を潤し、やがて河口に広大な干潟を形づくる。北九州市の企救半島（門司半島）から国東半島までの豊前海には、有明海、八代海と並ぶ豊前干潟が広がっている。中津の干潟は、その主要部なのだ。

　ちなみに干潟というのは、満潮時には浅い海だが、干潮で潮が引くと海底が現れる場所のこと。一見ただの泥や砂地だが、日光も酸素もたっぷり吸収し、さらに山と川から養分が供給されるため、地球上で最も生物の活動が活発で、生産力の高い場所の一つだ。海の環境保全は、干潟を含む浅い海域がそのカギを握ると言われている。

　しかし、各地の干潟は開発で姿を消し、豊前干潟も現在5000haまでに縮小した。その8割が大分県側で、なかでも中津干潟は1347haにも及ぶ国内有数の干潟として残されている。ここは、カブトガニやアオギスなどの絶滅危惧種が生息する貴重な自然の宝庫でもあるのだ。

　山国川河口には、もう一つ名物がある。戦国の武将、黒田如水、そう、黒田官兵衛が築城した中津城だ。山国川の河口を背に建つ中津城は、海水を堀に引き込み守りとする「日本三大水城」の一つに数えられる。中津の町は、川と海の恩恵を存分に受けてきたのだ。

全校遠足は近くの干潟へ

　北部小学校はお城から700メートルほど東にあり、城下町東部の町人町と、その北の沿岸地域を校区にしている。干潟の後背湿地を利用した田園地帯では最近宅地開発が進み、市内にダイハツの工場が誘致されたこともあって、北部小学校の児童数は年々増加している。2015（平成27）年度の児童数は496人。学級数は1年生が4学級、2、3年生が3学級ずつ、4〜6年生はそれぞれ2学級となっている。

　3階の教室から外を眺めると、南西には山国川源流の青い山並みが望める。廊下側の窓からは、住宅地の向こうに高い空が広がっている。海だ。水面は見えないが、1kmちょっとのところに海があるのだ。

　窓の外を眺めながら、榎本徹校長先生が話してくれる。

　「あの辺りは三百間の浜という干潟です。春の全校行事の新入生お迎え遠足では、その浜に行くんですよ。学校から歩いて20分ですし、500

人もの児童が一度に楽しめる自然は校区内には他にありませんから」

それは楽しそうだ。しかし三百間の浜は私有地で，堤防の防潮扉を開けなければ浜には出られず，児童が日常的に親しむ環境にはないようだ。

❷ 北部小学校の総合的な学習の時間

総合的な学習の時間だけを教える先生

学級担任をもたず，4～6年生の総合的な学習の時間を一人で担当するのは，岡松広先生だ。大分県は教科等ごとに「学力向上支援教員」を設置している。中津市の小学校には2015（平成27）年度は三人が配置され，うち二人が総合的な学習の時間を担当している。前年度は他の自治体でも総合的な学習の時間の学力向上支援教員を置いていたが，今年度は国語や算数にかわり，総合的な学習の時間は中津市の二人だけだ。中津市が総合的な学習の時間に力を入れていることがうかがわれる。

「学力向上支援教員は学校につくポストです。わたしは社会科が専門で，社会科と総合では課題解決の方法に共通する部分が多いからと，担当になりました。今年が2年目でまだ模索中です」と，岡松先生は謙遜する。しかし，おかげで北部小学校では，4年生から6年生まで一貫した指導計画をたてられるようになった。これまでバラバラに行われていた郷土学習も，岡松先生が見直して筋を通すことになったという。

その「筋」の一つが海の学習だ。

「わたしはお城近くの南部小の卒業で，三百間の浜は近いのにその存在を知りませんでした。北部小に赴任し全校遠足で初めて行って『おー，すごいなあ』と驚きましたね。環境NPO『水辺に遊ぶ会』に聞くと，生き物も多いし干潟の役割は大きい，中津の干潟ってすごいらしい。それを知らないと干潟なんて汚い泥というイメージですからね」

将来，卒業生の半分以上が中津から出ていく。彼らがふるさとを「すごい」と誇れる知識や愛着を総合的な学習の時間で残してあげたい。そして，この貴重な自然を未来に残す人材に育ってほしい。岡松先生は，そんな思いで海の学習に取り組むことにしたのだという。

各学年の総合的な学習の時間

ここで，各学年の総合的な学習の時間の大まかな内容を紹介しよう。

4 年生

学習事項	①自然と人間の暮らしの共生 ②安心・安全な町づくり（ボランティア活動への理解，参加）
1 学期 20 時間	◎干潟の生き物を調べよう ・KJ 法でお迎え遠足で見た生き物を思い出す ・干潟の生き物を調べよう（資料『ひがたであそぼう』ほか） ・大新田の干潟に行って確かめよう（NPO「水辺に遊ぶ会」の協力） ・干潟の生き物についてまとめよう（生き物カード） ・干潟の役割を調べてまとめよう（資料『ひがたであそぼう』ほか） ・干潟の海の恵みの豊かさを調べよう（魚市場の写真，DVD） ・中津干潟のすばらしさを伝えよう＝ランキング調べ ・干潟の現状，願い，困りごとは？（NPO「水辺に遊ぶ会」） ・中津干潟のすばらしさを知ってもらうために，自分にできることを考えよう（ポスター・新聞，ゴミの減量化 or 清掃活動）
2 学期 30 時間	◎身近にある安全のための設備について調べてみよう ・身近な安心・安全の施設・設備についてウェビングから課題を導く ・学校周辺の道路標識や，自分の家周辺の安全のための設備を調べよう ・調べた結果を白地図にまとめよう（丸色シール） ・自分たちができることを考えよう（白地図に危険か所と回避の手立てを記入，標語をつくる） ・つくった地図と標語を全校のみんなに見てもらおう
3 学期 20 時間	◎中津の海の豊かさについて調べよう ・中津の海でとれる魚介類の種類・旬などを調べよう（資料：『わたしたちの中津市』，インターネットなど） ・どうして中津市はノリ生産量が大分県 1 位？（干潟の存在，伝統など） ・ノリづくりについて調べ，発表しよう 　生産地，生産量，製造工程，歴史，料理など（インターネットなど） ・ノリすきを体験しよう（小祝地区の漁師，NPO「水辺に遊ぶ会」の協力） ・中津の海の豊かさを守るために自分たちにできることを考え伝えよう ◎自分の成長を振り返ろう（略）

5 年生

学習事項	①海・川・山のつながり ②災害から町を守る（防災）
1 学期 20 時間	◎海・川・山のつながりについて調べよう ・4 年生で学んだ中津干潟や中津の海の学習を思い出す（干潟の役割や豊かさ＝栄養素，プランクトン，食物連鎖） ・山国川の特徴や役割を調べよう（資料：『だいすき！山国川』，『ひがたであそぼう』，インターネットなど） ・山国川について詳しい人に聞いてみよう（山国川河川事務所の協力） ・調べたことを課題ごとにまとめ，発表しよう ・山についてウェビングから課題を導く ・課題（役割，川や海とのかかわり）について調べ，発表しよう ・海，川，山のいずれかについて調べ新聞をつくろう（夏休みの課題） ・海・川・山のつながりについてまとめよう ・地魚の料理レシピをつくり，山と川が育んだ海の恵みを知らせよう（地魚調理体験：小祝漁村の女性たち，NPO「水辺に遊ぶ会」の協力）

2学期 30時間	◎身の回りで起こる災害について調べよう ・4年生で学習した社会科の学習を思い出す ・災害についてウェビングから課題を導く（地震，津波，洪水，土砂崩れ，火事，消防署，消防団，警察，自衛隊など） ・それぞれの課題について調べよう（災害の種類，救助にあたる人，活動内容など），災害時の具体的な活動内容を整理する ・調べたことを活動者別にまとめ，発表しよう ◎**地域（地区）で住民を守るために活動している防災士を調べよう** ・防災士の役割，資格，人数，活動内容など ・詳しいことや防災士の思いを聞き（防災士の協力），まとめよう ・災害が起こる前に自分たちができることを考え，発表しよう
3学期 20時間	◎わたしたちができる防災について考えよう ・北部校区の特徴から，どのような災害が起こりやすいか考える（資料：昭和19年の洪水，北部九州豪雨など） ・自分たちにできる準備は何かな？＝自助，共助，公助 ・地震・津波・水害が起きる前，起きたとき，自分たちの命を守るためにできることを「防災カルタ」にまとめ，全校のみんなに知らせよう

6年生

学習事項	①地域の歴史・偉人 ②地域のお祭りのよさ ③平和の大切さ
1学期 20時間	◎中津祇園について調べよう ・中津祇園についてウェビングから課題を導く ・それぞれの課題（歴史，意味，見どころ，中津祇園以外の祇園など）を調べよう（地域の人，インターネット，観光協会など） ・調べたことをまとめよう（課題ごとにパンフレットをつくる） ・まとめを発表しよう①（地域の人，観光協会に対して） ・まとめを発表しよう②（祇園の観光客にパンフレットを紹介）
2学期 30時間	◎原子爆弾について調べよう（略） ◎中津のよさを調べよう〈その1〉観光地 ・中津のよさについてウェビングから課題をつくる ・中津の観光地を調べよう（観光客数/人気観光地/動機/交通手段/年齢） ・観光客にインタビューをして確かめよう（中津城公園） ・インタビューでわかったことを整理・分析しよう ・観光客を呼ぶための取り組みを聞こう（中津耶馬渓観光協会の協力） ・「中津に行ってみたい」と思ってもらうために自分たちにできることを考えよう（パンフレット，新聞，チラシなど） ・つくったものを使って宣伝活動をしよう
3学期 20時間	◎中津のよさを調べよう〈その2〉人物 ・中津の偉人（福澤諭吉，小幡英之介，村上玄水，田原淳，大江雲澤など）について調べよう ・実績と動機（気持ち）を整理し，＊¹クラゲチャートを使ってまとめよう ・調べたことを発表しよう＝偉人には共通した思いがあることを確認する（世のため，人のためなど） ・調べた偉人の思いを踏まえ，中学校生活に向けて心がけたいことをまとめ，発表しよう。 ・1年間の活動を振り返り，作文にまとめよう

榎本校長が「この地域は自然も文化も学習素材が豊富で，協力してくださる地域の人材にも恵まれています。おかげで総合学習は地域に密着した学びができていると思います」と語る通りの充実ぶりだ。

　海の学習を見てみると，毎年春の全校遠足で干潟に足を運ぶが，4年生の総合的な学習の時間で初めて干潟の生態系や環境問題に取り組む。また，校区内に生産者がいるノリの学習も行い，干潟の生産力，自然と人間の営みについても学ぶ。その上で5年生では，海の学びを山国川及び山とのつながりに広げ，環境問題についても考える組み立てになっている。

　「総合学習は地域の課題の発見と解決がテーマです。自然の学習は環境学習の側面からも多角的にとらえ，課題解決につながるよう指導計画を組み立てました。また，地元に環境 NPO や河川事務所があり，協力をいただけるという点も大きいです」

　岡松先生はそう話す。

❸ 4年生の海の学習

ゲストティーチャーとの連携

　岡松先生が海の学習で頼りにする NPO 法人「水辺に遊ぶ会」について少し紹介したい。同会の誕生は 1999（平成 11）年。発足のきっかけは，三百間の浜から 1km 半ほど東の大新田干潟の埋め立て計画だった。一帯には自然の河口干潟が残され，「生きた化石」カブトガニの全国でも数少ない産卵場所も含まれていた。この干潟は，会が声を上げたことで話し合いの場がもたれ，埋め立てを免れることになった。

　「水辺に遊ぶ会」はその後も「海と人の心の距離を近付け，中津の水辺と人々の暮らしをつなぎ直そう」と，専門的な生き物調査，干潟の観察会，漁業体験や環境教育プログラムの実施，海岸清掃などの活動を展開。国や県の審議員も多く務めてきた。地域の教育にも貢献していて，小・中学校への協力は福岡県も含め年間 30 校以上にのぼる。また，国土交通省の山国川河川事務所内の山国川資料室の展示スペースを運営した経験から，最近で

▲カブトガニの幼生。
成体になるまで 15 年ほどかかる

▲『ひがたであそぼう－海辺の環境学習の手引き』

は川の学習指導にも力を発揮している。

　岡松先生が授業で使う『ひがたであそぼう――海辺の環境学習の手引き』（大分県環境保全課発行）も同会の制作だ。干潟の役割，山・川・海のつながり，生き物の紹介，食物連鎖などの生態系，漁業・漁法から漂着ゴミ問題までが網羅された，わかりやすい優れた副教材だ。

　理事長の足利由紀子さんは，「カブトガニなど希少な生き物だけが注目されがちですが，そうではなくて，あたりまえの干潟の生態系のすばらしさ大切さに気付き，海や干潟を身近に感じてほしい」と話す。

　北部小学校で行われている4年生の干潟の体験学習とノリすき体験，5年生の地魚調理体験に同会は全面的に協力している。岡松先生は，「干潟の観察だけでなく，体験授業に本物の漁師さんや浜のお母さんを呼んでもらえるのも，とてもありがたいです」と話す。

体験学習から調べ学習へ

　4年生の干潟の学習を具体的に見ていこう。単元の組み立ては，
① 体験で干潟のすばらしさ，すごさを実感する
② 干潟の役割を資料で調べる
③ 干潟のすばらしさを広く伝える方法を考える
④ 干潟の環境を守るために自分ができることを考える
という流れだ。

　①の体験学習は，今年初めて大新田の干潟で行われた。

　「大新田は三百間より広くて生き物が多く，カブトガニもいるので魅力的です。ただ，トイレがないのが問題でした」

　三百間にもトイレがなく，全校遠足では仮設トイレをレンタル，4年生の学習ではピストン車を用意していた。今年は，「水辺に遊ぶ会」が仮設トイ

▲「水辺に遊ぶ会」が設置した仮設トイレ

レを購入し、干潟近くの企業が敷地内の設置に協力し、岡松先生の念願もかなったのだ。

干潟の観察にはたっぷり1時間をかけ、子どもたちはシャベルを手に、たくさんの生き物を見つけ観察した。足利さんには生き物探しの指導や解説のほかに、「干潟の現状、願い、困りごと」の3点についても話してもらうよう岡松先生は頼んだ。実はこれ、単元の後半で環境問題につなげるための伏線なのだ。

▲干潟の観察の様子

観察後の表現は、生き物の絵と特徴を書く「生き物カード」で行った。子どもたちの感受性、観察眼の鋭さには驚かされる。

次いで、②「干潟の役割調べ」では、資料『ひがたであそぼう』に記されている項目「生き物のゆりかご、海水をきれいにする、魚介類がとれる場所、渡り鳥のえさ場・休憩地、多くの人が楽しむ場所」が課題になる。資料で調べさせるほかに、岡松先生はアサリが海水を浄化する実験も行った。水揚げされる魚介類については、授業では早朝の市場見学に行けないため、先生が写真を撮ってきて見せたそうだ。実験に撮影にと、岡松先生の動きは軽快だ。子どもたちは体験を知識で肉付けし、干潟を深く理解していく。

次の③「中津干潟のすばらしさを広く伝える方法」では、豊前干潟、有明海、八代海の日本三大干潟を比較することにした。岡松先生は「わたしが『すごいな』と驚いたように、中津干潟のすごさを人に伝えるには、突出したものをアピールすべきだ」と考えたという。

先生が集めた資料からつくった「中津の干潟、ここがすごいぞ！ランキング」では、カブトガニは豊前干潟だけにいること、広さや生き物の数では有明海に次ぐ第2位、海岸清掃などボランティア活動が活発なこと、ハモとガザミの漁獲量が他より多いことなどが浮かび上がった。

しかし、三大干潟はどれもすばらしく、比較ランキングでは思考の自由度がやや縛られたような気もする。本当にすごいのはカブトガニではなく、干潟の環境の多様性や生態系のつながりであり、中津にそれが残されていることなのではないだろうか。

このランキングでまとめた「中津干潟のすごさ」を広く伝える方法としては、公共施設での掲示を想定しポスターなどをつくったという。

ゴミは拾う？　出さない？

　単元の終盤は環境問題に入っていく。

　「全校遠足では海岸清掃も行います。わずか20分で収集車が必要なほどゴミが集まることを児童は知っているので、導入はたやすかったです」

　ここで、「水辺に遊ぶ会」の足利さんに大新田で話してもらった「現状（希少生物もいる多様性の豊かな自然）、願い（多くの人に関心をもってもらい未来に残したい）、困りごと（開発、海岸ゴミ、温暖化など）」が生きてくる。

　まず、「現状・願い・困りごと」の3項目を*2 Yチャートにし、感想や疑問、思いなどを自由に書かせ、発表し合った。そして班での話し合い、学級全体での話し合いへと進め、④の「干潟の環境を守るために自分ができること」につなげていくのだ。

　昨年の4年生は海岸ゴミを拾う活動に思考が向いたそうだが、今年の4年生は逆方向の、ゴミを出さずエネルギーを節約する生活に考えが向かった。いずれにしても、干潟のすばらしさと大切さを実感として理解した上で、自分たちが守るという思いが表れている。

　もしかしたら「トイレがない」ことも課題にできるかもしれない。足利さんによく聞くと「韓国の干潟には、立派なビジターセンターがあり学習環境が整っているのに、大分の干潟にはトイレすらない。人々の関心の薄さはゴミの投棄や乱開発の危機を招く」と嘆く。トイレは北部小学校の「困りごと」でもあったはずだ。もし子どもたちのはたらきかけで常設トイレができ、子どもも大人も干潟により親しむようになれたらすばらしいだろうな、と想像してしまった。

　さて、3学期に4年生の総合的な学習の時間のテーマは再び海に戻る。題材はノリ養殖だ。遠浅の干潟と川からの栄養分でノリが育つことなどを、まず調べ学習で学ぶ。そして、校区内のノリ漁師を学校に招いて話を聞き、ノリすき体験も行うのだ。昨年の体験では、自分ですいたノリを子どもたちは宝物のように持ち帰り、家族で大切に食べたという。この単元でも、「水辺に遊ぶ会」を仲立ちにした体験学習を単元の授業にうまく取り込んだことがうかがわれる。

❹ 5年生の海・川・山の学習

海を思い出し，川そして山へ

　「高くとおとき英彦の　峯よりおつる谷川は　名におう耶馬の水となり　みのりとしどし豊かなる　沖代平野をはぐくめり」これは校歌の1番の歌詞。「海・川・山のつながり」は，やはりこの学校にはぴったりの課題なのだ。4年生で干潟について学んだ5年生は，海・川・山のつながり，自分たちの生活とのかかわり，保全について考える。

　単元の流れは，
① 4年生の海の学習の振り返り
② 山国川のはたらきの調べ学習，河川事務所の見学，まとめ
③ 山のはたらきの調べ学習，まとめ
④ 夏休みに海，川，山の自由研究（新聞づくり）
⑤ 海・川・山のつながりを考え，自分が大切にしたいことを考える
という組み立てだ。

　①の海の学習の振り返りは，今年は三百間の浜の全校遠足が雨で中止になったため，資料や写真などを見ながら行った。そして，②の山国川の調べ学習に入る。資料は，本やDVDのほか，教材『だいすき！山国川―山国川の生き物図鑑』などだ。これは「水辺に遊ぶ会」が制作した冊子で，山国川の生き物の写真図鑑のほか，山国川の概要もまとめられている。

　山国川のイメージがふくらんだところで，中津城の少し上流，平成大堰の脇にある国土交通省の山国川河川事務所へ見学に出かけた。堰の上も歩いて見学し，ダイナミックな光景に子どもたちは大喜び。職員から川の生き物，大堰の仕組みや役割，利水や治水の解説も受けた。

　「水辺に遊ぶ会」が同事務所内の展示スペースを運営していた関係で，足

▲見学の様子

▲安部さんの解説の様子

利さんを仲立ちに河川事務所の協力はなめらかだ。今年、見学担当の職員が異動し、安部寿雄さんが後任になった。

「わかりやすく伝えるため、足利さんに相談して情報をパネルにまとめてみました。それをもとに何とか解説ができてほっとしています」

子どもたちが熱心に話を聞き、川の生き物だけでなく、堰の役割や管理の大切さにも関心を示してくれて、うれしかったそうだ。

川を生活の視点で考える

6月半ば、教室に伺った。北部小学校には理科室や家庭科室と同じように「総合学習室」がある。岡松先生が待つ教室に、5年1組の児童たちがやってきた。今日の授業は、山国川河川事務所の見学を終えてから2時間目の授業だ。前の授業では、見学でわかったことを班に分かれてふせんに書き出し、学級全体でYチャート上に「環境」「治水」「利水」に分類する作業を行った。

今日の学習の「めあて」を先生が板書する。

「山国川河川事務所の安部さんは、どんな願いをもって山国川の管理をしているのか考えよう」

学習のテーマは「川の管理とわたしたちの生活」に絞られるようだ。つづいて先生が黒板に貼ったのは、模造紙に描いた[*3]ピラミッドチャート。頂点の三角形には「安部さんたちの願い」を、下の段には「治水」「利水」「環境」の情報を整理して書くことを、先生は説明する。

さあ、情報整理の作業を開始。先生は子どもたちの意見を聞きながら模造紙のYチャートのふせんを整理し、チャートからはがして黒板に貼っていく。まずは「治水」の項目から。

「どのふせんが合体できるかな？」

▲Yチャートのふせんを整理して黒板に貼っていく

「河川巡視とライブカメラは似ている」「堤防のひびのチェックも河川巡視に近い」

「それは水害を防ぐための手立てや方法だね。じゃ、それは何のため？」

「市民の安全のため」

「じゃあ、くくるよ」

そんなやりとりの末、ピラミッド

チャートの治水の枠には「水害防止」「市民の安全」が書き込まれた。

次は「利水」だ。ふせんの数が多く，先生がどんどん整理する。残ったのは，農業用水，工業用水，水道水，発電，貯水，ゴミ拾い。ここで先生は，ゴミ問題をクローズアップする。テレビ画面に映して見せたのは，国土交通省がホームページで公開している全国109河川の「ゴミマップ」の，山国川のページ。ゴミの写真に「掃除機が捨ててある！」と子どもたちが反応する。ゴミの量や分類グラフも見せ，「ゴミは誰が拾いますか」と岡松先生が問いかけると，

「ボランティア！」

「56kmの山国川はボランティアでは無理だね。どうする？」

「有料！」

「そう，国土交通省が税金で回収しています」

こうして，ピラミッドチャートの利水の枠には「農業」「工業」「その他（水道など）」「ゴミ拾い」と先生は書き込んだ。最後の「環境」のふせんは4枚。そのままピラミッドチャートには「きれいな川（きれいな川の魚）」「魚道」「よび水ゲート」と書き込まれた。

いよいよピラミッドの頂点の「願い」だ。これは一人で考え，配布されたピラミッドチャートのプリントに書く。発表では，「魚や水のことを知ってもらいたい」「ごみを捨てないでほしい」「生き物にやさしい川にしたい」「いろいろな魚を知ってほしい」「川をきれいにするために市民に協力してほしい」「市民の生活を守りたい」などの意見が出た。

これをまとめとして川の学習はおしまい。単元のテーマ「海・川・山の

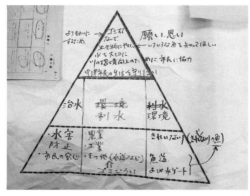

▲完成したピラミッドチャート

つながり」に照らすと，山や海とのつながりが扱われなかったのが少し気になるが，山国川の管理と自分たちの生活を直結させ，岡松先生がねらう「地域の課題を考える」視点に沿うものとなった。

山の「課題」をウェビングで発見

翌日の授業から「山」の課題に入った。まず，教室の窓から源流の英彦山を眺める。課題づくりはこの「英彦山」を出発点にウェビングを行うことに。ペアで話し合いながら，A3判の大きさのホワイトボードで作業を開始した。10分ほどで，ウェビングマップが黒板にずらりと並んだ。

「共通する言葉は？」と先生は問いかける。「自然，森，林，木，林業，緑，水，葉っぱ，山国川，高い，急」などと子どもたち。先生が葉っぱに注目する。「葉っぱはどうなる？」→「枯れる」→「枯れると？」→「腐葉土になる」→「どんな土？」→「カブトムシが食べる」「栄養がある」→「いいね，栄養はどうなる？」→「川に流れる」「海に行く」と言葉のキャッチボールがつづいた。なるほど，海につながった！

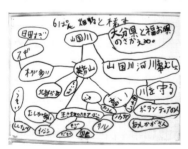
▲完成したウェビングマップ

葉っぱから出発しなくても，子どもたちのウェビングマップには川がほぼすべて登場し，海につながっているものもある。これは4年生の海の学習のときからの蓄積に違いない。

共通する言葉から「山」に関係するものを選ばせて，次の時間に行う山の調べ学習の課題は「森林の利用，管理，荒廃する人工林，山を守る人たち」に決まったそうだ。

海・川・山のつながり

2学期に入って間もなく，単元のまとめの授業にお邪魔した。本来この単元は1学期に終える予定だったが時間が足りず，それならばと，夏休みに「海，川，山（のどれか一つ）について調べて新聞をつくる」という宿題も加えて，学びを深めることになったのだ。

2学期の最初の2時間の授業は，宿題で選んだ海，川，山のテーマ別に班をつくって発表し合い，互いの情報をイメージマップにまとめた。2時間目の後半では，クラス全体で海，川，山のイメージマップを発表し合い共有した。

▲川のイメージマップ

▲山のイメージマップ

 そして2学期3時間目の今日は、いよいよ単元のまとめの日だ。板書された「学習のめあて」は、
「『海・川・山のつながり』について、大事にしていきたいと思うこと（もの）を考えよう」
 岡松先生が用意したのは、コンセプトマップだ。黒板に貼った項目（コンセプト）は七つ。「わたしたちのくらし」を中心に据え、「水の利用・水質管理」「ボランティアの取り組み」「希少生物カブトガニ」「自然がゆたかハモ・ガザミ」「自然がゆたかアサリ」「魚介類の新鮮さ」「森林を守る取り組み」だ。そして先生は「わたしたちのくらし」と他の7項目をそれぞれ線で結び、隣り合う項目の間にも線を引いた。
「この7項目は、1学期の山や川の学習や4年生の海の学習で出てきた言葉からわたしが選びました。あまり多いと複雑になるし、5枚では少ないと思って7枚にしました」
 作業の方法を、先生が黒板のマップに書き込みながら説明する。関係すると思う項目を自由に線で結ぶこと、線はいくつ引いてもよいこと、そして線の上には二つの項目の間の関係をふせんに書いて貼ること、などだ。先生は例として「わたしたちのくらし」と「水の利用・水質管理」を結ぶ線上に「飲料水、農業工業用水」と書き込む。また、「ボランティアの取り組み」と「希少生物カブトガニ」を結ぶ線の上には「調査、クリーンアップ」と書き込んだ。
 では最初は一人で考えよう。「わたしたちのくらし」と書き込む枠だけがプリントされた用紙が配られている。他の7項目をふせんに書いて用紙に貼り、作業スタート！なかなか手が動かないようだ。では四人の班で考えよう。だんだん意見が出始めた。やがてタイムアップ。各班のふせん

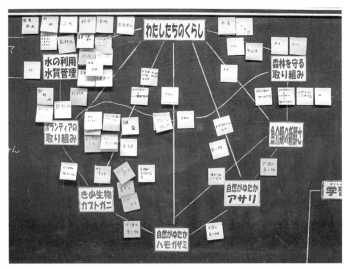

▲完成したコンセプトマップ

を集めて黒板に貼っていく。似ている内容を先生が整理して，大きなコンセプトマップが完成した。

　子どもたちは集中して一生懸命に取り組んでいた。しかし，児童が新たに引いた線は2本だけであった。子どもたちの思考は，「わたしたちのくらし」と他の7項目との個別の関係にとらわれてしまったようだ。「海・川・山のつながり」を考えるには，もしかしたらこの思考ツールは最適ではなかったのかもしれない。

　20数時間をかけたこの単元のテーマは「海・川・山のつながり」だ。その「つながり」はチラチラ顔をのぞかせるものの，明確に考えをまとめる機会はもたれなかった。また，最後の授業では，「海・川・山のつながり」と，それとは別次元の「自分たちの生活との関係」というテーマを同時に扱ったことにも，やや無理があったかもしれない。

　この日の最後は，思考ツール「*4 お魚ボーン図」の記入だった。魚の頭の部分に「わたしの大事にしたいこと」と書き入れ，中骨の四つの枠に自由に記入させる。残り時間が少なかったが，児童の多くがコンセプトマップの7項目のうち四つを枠に記入して完成させていた。

　最後に。実はこの後ふたたび海の学習に戻り，地魚調理体験を通して「地魚料理のレシピをつくって中津の海のすばらしさをアピールしよう」

という授業を岡松先生は計画していた。しかし，時間数が足りず，地魚調理体験は体験のみとなった。「ちょっと盛り込み過ぎでしたね。整理は来年の課題とします」と，岡松先生は意気込んでいる。

⑤ プロとプロの連携がカギ

4年生と5年生で筋を通して学ぶ北部小学校の「海の学習」は，体験学習を単元計画にうまく融合させたもので，環境問題や自分たちの生活を考えさせるものになっている。「中津の海やふるさとを誇りに思わせたい，未来に手渡してほしい」という岡松先生の願いは，子どもたちの心にしっかり届いていると感じた。それは，ウェビングマップや夏休みの自由研究からもうかがうことができる。

ただ，5年生の単元のテーマ「海・川・山のつながり」を総合的にとらえ，自然と人間活動の関係を考えるという点では，まだ工夫の余地があるようにも思える。一つの案として，ゲストティーチャーと先生がもっと連携を深めることも有効かもしれない。「海・川・山のつながり」とはいったい何なのか，希少生物より干潟の多様な生態系や役割が大事なのはなぜなのか，それを子どもたちにどう考えさせたらよいのか。教育のプロと環境のプロが一緒に知恵を絞り整理してはどうだろうか。何といっても，餅は餅屋なのだから……。

全校の総合的な学習の時間を一人の先生が一手に引き受け，海の教育への熱い思いのもと充実した実践を行っている北部小学校。総合的な学習の時間での「海の教育」の一つのモデルが，ここから生まれる予感がする。

＊1　クラゲチャート…課題をクラゲの頭の部分に記入し，足の部分にその原因や根拠を記して理由を明らかにしていく思考ツール。

＊2　Yチャート…三つの視点に分けて記入し，整理・分析していく思考ツール。

＊3　ピラミッドチャート…下の階層に個人の気付き等を書き，真ん中の階層にそれを比較したり分類したりして，上の階層で焦点化させていく思考ツール。

＊4　お魚ボーン図…魚の頭の部分には決めた課題を記入し，中骨の部分に調査内容を書き，小骨のところには中骨についてわかったことや疑問を書きいれて整理・分析する思考ツール。

大分県中津市立北部小学校への提言
～わたしの視点～

 一人ひとりの考えや思いを引き出しつなぐ，思考ツールの有効活用を期待して

　北部小学校に入るなり，「学問に入らば大いに学問す可し，農たらば大農と為れ，商たらば大商と為れ」「読書は学問の術なり，学問は事をなすの術なり」（福澤諭吉『学問のすゝめ』）が目に飛び込んできた。「自分はしっかり研究しているか。学校現場に役立てているか」を改めて自問自答した。学校中が福澤諭吉の珠玉の言葉で溢れている。本文でも紹介されているが，「（ゆ）たかな子，（き）たえる子，（ち）えのある子」がめざす子ども像である。

　5年1組の授業が行われた「総合学習室」はまるで水辺の博物館である。干潟やそこに生息する生き物の写真，地図，観察カード，海や川などの生き物の図鑑や書籍などで溢れ返っていた。学級数の減少に伴い，空き教室を生活科や外国語活動，総合的な学習の時間のための部屋に活用する学校が増えてきているが，人数分の机も配備し本格的な授業ができる部屋はあまり見かけることがない。子どもたちには自分たちの教室で学習しているような自然さがうかがえた。

　学年を越えた学習のつながりを考えて指導できる総合担当教員が存在するのもこの学校の強みである。担当の岡松先生は子どもたちから考えや思いを引き出したり，つなげたりするためにウェビングやYチャート，ピラミッドチャートなどの様々な思考ツールを駆使している。

　本時でも，学習のめあて「中津市民に何を伝えれば，山国川や中津干潟，海をもっと大切にしてくれるのか考えよう」を確認したあと，ペア活動で用いる座標軸の使い方を説明した。縦軸が「おどろきがある－あまりおどろかない」，横軸が「山国川や中津干潟・海を大切に思う気持ちが高まる―…気持ちがあまり高まらない」である。ふせんは6色用意されている。「ボランティアの取り組み」（黄色），「水の利用・水質管理」（水色），「森林を守る取り組み」（緑色），「魚介類の新鮮さ」（柿色），「自然がゆたか　ハモ・カザミ」（赤色），「希少生物　カブトガニ」（桃色）である。子

どもたちは6枚のふせんをペアで話し合いながら座標軸に貼っている。子どもたちはこの形態に慣れている。座標軸のどこに置くかを話し合う過程で六つの項目の関連に気付いていく。ペアによって置く位置が異なる点が面白い。同じような体験を重ねてきても感じ方や理解のしかたには違いがあるようだ。

写真のペアに聞いてみた。「カブトガニは有名やけ，守ろうとする」「新鮮さはうちらも知らんかったけ，守ろうと思わん」と方言混じりで答えてくれる。わたしからすれば意外にも「森林を守る」は「あまり驚かない・気持ちがあまり高まらない」の場所に置かれてい

る。「海と川と山がつながっていることは前から知ってたの？」と聞くと「去年ぐらいから知ってた」と。二人は「自分たちが知っていることは市民も知っている。知っているから守ろうとする」という考えのようだ。「知ることの大切さ」に気付いている。確かに，環境でも伝統でも特産物でも同じである。「守ろう，大切にしよう」という気持ちの前提は「知る」ことである。しかし，この問題に関して，わたしの中では「海の豊かさと森林との関係」は譲れない。思わず「世の中の人は知っているのかなぁ」と発してしまった。そのことが影響したのか，そのふせんが上のほうに移動してしまった。

✌ こうすればもっとよくなる～授業改善のポイント

全16ペアの成果が一堂に並べられた。「森林を守る」はほぼすべてのゾーンに散らばっている。全ペアが順番に発表する理由を岡松先生は丹念に板書をしていった。最後に，子どもたちと『中津市民に「カブトガニの存在」「ボランティアの活動」を知らせたら川や干潟・海を大切に思う人が増えると考える』とまとめられた。

惜しいなという気持ちが残った。子どもたちには話し合う力が備わっている。それだけに，各ペアが座標軸上のその位置になぜ置いたのか，理由の違いを通して六つの関係を深めさせたかったし，敢えてまとめる必要もなかったのかもしれない。

村川雅弘

海の学校

食卓と海はつながっている！
~東京都中野区立中野本郷小学校の取り組み~

❶ 四国一の「へき地」愛南町(あいなんちょう)の戦略

漁村からの出前授業

　カツオの一本釣りの竿を持たせてもらって「重たーい！」とはしゃぐ。丸のまんまの大きなカツオやマダイに目を輝かせ，恐る恐る触れる子たち。こんな「本物」の出前授業が東京都の小学校で繰り広げられている。今年の実施は44校，7年間で延べ146校にも及ぶ。

　プレゼンターは愛媛県愛南町，四国の中でも東京から最も遠い町だ。先生役は役場水産課や漁協の職員，養殖業を営む漁師などで，リアルな話の端々から潮の香りが立ち上る。実はこの授業，もともと給食に水産物を使ってもらうためのセールスなのだ。ところが思いがけず中野区の先生たちが食いついた。自費で愛南町に足を運び，すっかり愛南ファンになってしまったのだ。そして5年生の社会科の水産業の授業に組み込めないかと研究を始めたのだ。このラブコールを愛南の人々はがっちりと受け止め，試行錯誤しながら教材スライドをまとめた。

　今の学習指導要領では印象の弱い「海洋教育」だが，水産業の学習にはそのエッセンスが含まれていて興味深い。しかも遠く離れた愛南町と中野区の結び付きには，第一次産業の窮状，食卓と生産地の隔たりなど，現代社会の姿が垣間見える。教材開発の経緯と具体的な授業の紹介とともに，背景にある社会の姿にも目を配ってみたい。

「ぎょしょく教育」で地域の活性化を

　愛媛県愛南町は，愛媛県最南端の4町1村が2004（平成16）年に合併して生まれた。人口は約2万3千人（ちなみに中野区は約32万人）。松山空港からも高知空港からも片道4時間ほどかかる町だ。基幹産業は農・漁業で，海からせりあがる日当たりのよい斜面では柑橘類の果樹栽培が盛んだ。沿岸には複雑なリアスの海岸線が連なっている。宇和海一

帯は，このリアス海岸の静穏な湾，岸から一気に落ち込む水深，さらに黒潮から流れ込む潮流に恵まれ，巨大な養殖漁場が形成されてきた。愛南町では魚類のほか貝や海藻の養殖も行われ，マダイ養殖では市町村別生産額で全国2位，真珠母貝の生産では全国1位を誇る。

　漁船漁業も負けてはいない。カツオの一本釣り，イワシやアジの青物ねらいの巻き網漁などがあり，町内にはカツオの水揚げ量で四国ナンバーワンの漁港も備えているのだ。

　その愛南町の水産関係者が，畑違いの「教育」に手を付けたのは2005（平成17）年のことである。いったいなぜ？その背景には，水産業を取り巻く状況の厳しさがある。自然環境の変化，資源の枯渇，燃油や資材の高騰，魚価の低迷，漁師の高齢化と後継者不足など，悩みは多い。さらに「魚ばなれ」も取り沙汰されて久しい。これは全国的な水産業の課題でもある。

　この苦境を乗り越えようと，加工や直接販売のルート開拓，観光や体験交流などに向かう地域もあるが，愛南町は愛媛大学の後押しがあったこともあり「教育」に目を向けたのだ。愛南町には愛媛大学の水産研究センターが置かれ，産官学の協働で水産業振興に力を入れている。愛媛大学からの提案を受け，愛南町役場水産課，教育委員会，愛南漁業協同組合，久良漁業協同組合が「愛南町ぎょしょく普及推進協議会」を結成。水産振興による地域活性のため，「魚・水産版の食育」の教育プログラム開発と，町内の幼稚園，保育所，小・中学校での実践に取り組んだのだ。

　愛媛大学のチームが提案するのはひらがなの「ぎょしょく教育」。「しょく」には七つのコンセプト「触・色・職・殖・飾・植・食」が込められているからだ。「魚触」は魚の調理実習など魚にさわる体験学習，「魚色」は魚の種類や栄養などの学習，「魚職」は生産や流通の学習，「魚殖」は養殖の現場を知る学習，「魚飾」は魚にまつわる伝統的文化の学習，「魚植」は魚をめぐる環境の学習，そしてこの六つの学習をベースにした「魚食」は魚本来の味を知る学習，という位置付けだ。

　ここで注目しておきたいのは，この段階では東京はまだ視野になかったということだ。2007（平成19）年発行の『ぎょしょく教育実践マニュアル』には，「ぎょしょく教育」の視点として，「第一に，地域の特性を念頭に置くことです。地域に存在する漁業や水産加工業，さらには，地域に

根付いた伝統的な生活文化を生かしたプログラムにすることをめざします」とある。そして教育効果として「魚への興味や関心，魚料理の機会増大，漁と食の再接近，顔の見える関係の構築，地元水産業全体の最適化，地魚の再認識，地元市場の活用」をあげる。愛南町の「ぎょしょく教育」は水産振興に結び付いた「地域教育」だったのだ。

東京の学校との交流にチャンス？

　愛南町の「ぎょしょく教育」は，どういういきさつで東京の社会科教育に「大化け」したのだろう。そこにはキーパーソンが二人いる。一人は愛南町水産課職員の兵頭重徳さん。もう一人は中野区に事業所がある給食納入業者の株式会社長島の社長・長島秀和さんだ。

　2009（平成21）年のある日，兵頭さんの目は新聞のある記事に留まった。そこには東京都が八丈島など都内の生産者の協力を得て，当時その言葉が使われ始めた「魚食」教育に取り組むことが報じられていた。

　東京都との交流には何か可能性があるのでは…。兵頭さんはすぐさま東京都庁に電話をかけ上京した。

　「水産課の担当係長が目の利く人だったんです。都市と地方，消費者と産地の交流を提案すると『いいですね，でも交流を長つづきさせるにはビジネスにしないと。給食納入業者の人と会いませんか？』と言ってくれたんです」

　1か月後，2度目の都庁で兵頭さんの前に現れた業者は，なんとアロハシャツにジーンズ姿。給食納入業者の協同組合，関東給食会の理事を務める長島さんだった。

　「いきなり『愛南って魚もあるの？』なんて言われてびっくり。一通り話をしたら，『じゃ，今から中野区の学校に行こう』と言う。驚きの連続でしたね」

　一方の長島さんは，愛南町とは柑橘の取り引きがあり訪れたこともあった。

　「水産が盛んだとは全然知らなかったんですよ。何度も行っているのにミカン山の下の世界を見ていなかった。話を聞いて，農産物と水産物のセットでいける，面白い，と思いましたね」

　この日，長島さんが兵頭さんを伴ったのは，自分の娘が通う中野区立桃花小学校。校長先生に会い，何かやれそうな感触はつかめた。しかしいき

なり授業には食い込めない。そこで長島さんがセッティングしたのが，夏休みの「おやじの会」主催イベント。兵頭さんに愛南町の漁業の話を聞き，カツオのさばき見学と試食をすることになった。

大きな「釣果」，中野区の先生たち

　おやじの会のイベントは，予想以上に好評だった。丸のままの大きな魚を見たことがない子どもは多く，産地の話は大人にも新鮮だ。身近に目にする学校農園やベランダでもつくれる農産物とは違い，漁業の現場はナゾの異世界だ。島国でありながら，流通が発達した今の日本では，海と食卓の間は大きく隔たってしまっているためだ。

　漁村のにおいがするこのイベントに，最も敏感に反応したのは社会科を専門とする先生たちだった。その夏休み中に先生たち数人が，わざわざ自費で愛南町に遊びに行くという予想外の展開に。兵頭さんが投げた釣り針は，思いがけない「釣果」をあげたのだ。

　愛南町では大歓迎が待ち受けていた。先生たちは初めて漁船で養殖漁場を巡り，出荷施設や魚市場を見学。もちろん新鮮な山海の幸，豊かな自然もたっぷりと味わった。リアルな食の生産現場や地に足がついた田舎の暮らしは，都会の先生たちの心をわしづかみにした。もしかしたら，命を支える食の生産から切り離された消費者の，本能的な不安に響くものがあったのかもしれない。

　この「釣れた魚」は大きかった。愛南町を訪れた先生たちは，中野区小学校教育研究会の社会科部会の集まりで，愛南町で出会った人たちのすばらしさ，水産業の現場の面白さを報告。それはきっと興奮覚めやらない熱い語り口だったに違いない。その熱は，他の小学校の先生たちにも伝染した。啓明小学校の校長だった橋浦義之先生は，翌年さっそく兵頭さんに出前授業を依頼した。給食にも長島さんを通して愛南町の水産物を取り入れた。そし

▲養殖漁場を見学する橋浦先生（右）たち

▲リアス海岸の湾と漁村

第2章　海の学校編

135

て矢も楯もたまらずその秋に一人で，翌年2月には他の先生を引き連れて五人で愛南町を訪れたのだ。

橋浦先生は社会科が専門で，社会科部会の顧問校長も務める。

「かねてから水産には興味があったのですが，都会の学校では海や漁業に身近な接点がなく，教科書で教えるだけになってしまう。だから愛南町の事例には可能性があると感じました。それに愛南は人も風土も本当にすばらしい土地なんですよ」

そして2011（平成23）年，愛南ブームの高まりの中，社会科部会では出前授業を入れた5年生の水産業を研究テーマとした。平和の森小学校で研究授業を行い，この年は九つの小学校で愛南町の出前授業を実施した。こうして愛南町の「ぎょしょく教育」は，大消費地東京の教育現場に食い込んでいったのだった。

② 売る努力と教育のマッチング

打てば響く愛南町の対応

愛南町への合併前，旧城辺町では学校での魚の調理体験に熱心だった。同じく愛南町に合併した旧内海村職員だった兵頭さんは，その取り組みを「魚をさばいて食べさせるだけでは物足りない」と感じていた。それもあって，合併後に「ぎょしょく教育」の担当になると，プログラム開発に積極的にかかわり，町内の学校への出前授業にもよく出向いていた。

その兵頭さんに，中野区の先生たちから研究授業への協力の相談が寄せられたのだ。

「望むところでした。総合学習はなかなか入り込む余地がなく，社会科の水産業が一番入りやすいと感じていました。ただ，総合学習とは違い，教える内容が決まっている教科学習への対応は難しいとも思いました。しかも漁村の子どもと東京の子どもとでは経験値が全く違いますしね」

実際，教材づくりは大変な作業だった。

「近所の小学校の先生に教科書の指導書を借りて，スライド教材を一からつくり込んだんですよ」と兵藤さんは話した。

その案をもとに，橋浦先生をはじめ社会科部会の先生とやりとりをして修正を重ね，スライド教材は完成した。しかし兵頭さんはその後も出前授業の感想を丁寧に聞き，ときにはアンケートも行いながらスライドの改善

を重ねてきた。

「愛南町の水産物を食べてもらい，子どもたちに漁業の現場を知ってもらえるなら苦になりません。今年は動画のリクエストにこたえ，アンケートで要望のあったワークシートも用意しました。きりがないですが，だいぶ整ってきたと思います」

産地と学校をつなぐ業者の活躍

そんな兵頭さんを支えてきたのが，給食納入業者の長島さんだ。遠い愛南町の兵頭さんと中野区の先生たちの間に入り，教材づくりにもかかわった。また，愛南町の水産物の給食への導入を中野区以外にも広げてきた。

「おいしくて身体によい食べものを給食として届けたいし，生産者の思いも子どもたちに伝えたい。学校と産地をつなぐのがわたしの仕事です」

この人も実に熱いのだ。

小学校で研究授業が行われた年，長島さんは関東給食会の仲間20人で愛南町を訪れた。

「現場で説明を聞いて，養殖魚のイメージがガラッと変わりましたね。薬づけはずっと昔の話。食の安全への努力，味や鮮度の追究がものすごくハイレベルで，本当に感動しました」

長島さんとの信頼関係ができた愛南町の生産者たちも努力した。長島さんは言う。

「給食には細かな規定が多いんです。例えば，魚の切り身はカットの幅や角度がミリ単位で決まっています。それに対応できる産地は少なく，多くが5年以内に脱落します。けれど愛南町はしっかり食らいついてきました。あそこはもう大丈夫でしょう」

直接対応したのは，愛南漁業協同組合だ。職員が上京して加工業者の指導を受け，長島さんとサンプルのやり取りを繰り返し，給食の食材を生産する地元加工業者の指導を徹底したのだ。現在，鯛めし用のマダイの切り身，タイかま，カツオの切り身，ヒジキなどを関東給食会組合員を通じて学校給食に出荷し，東京都での売上げは1500万円を超えた。実はマダイの

▲兵頭さんが東京都三鷹市の小学校で行った，出前授業でのカツオさばきの様子

養殖日本一の愛媛県では，学校給食の市場は完全に安売り競争に陥っているのだ。魚価自体もこの20年で半値に下落し，このままでは生き残れないと養殖業者は憤る。東京の学校給食は「正当な価格」での安定的な取引であり，努力のしがいがある大切なお客さんになったのだ。

橋浦先生は啓明小学校で，6年生最後の給食の日にタイかまの一夜干しを出してみた。

「タイのタイ（胸びれのつけ根にある魚の形の骨）をさがさせたら，残さ率は実質ゼロ。愛南の魚が給食の定番になってから，魚を残す児童が目に見えて減りました」

1食250円ほどの予算に115円のタイかまを使うにはやり繰りが必要だが，食育効果の評価は高い。最近，都内の小学校では，創立記念日にタイかまを出すところが増えているという。

出前授業の人気沸騰

愛南町の出前授業の評判は先生たちの間で広がり，やがて引く手あまたに。営業ツールだった出前授業はいつしか購入の「御礼」になり，すべてのリクエストにこたえるのも困難になってきた。

出前授業は例年，5年生が水産業を学習する9月前半の1週間に集中して組まれ，学校の選定と日程調整は長島さんが一手に引き受けている。リクエストが増えたため愛南町では，兵頭さんの教材スライドで授業ができる人材を育て，町水産課と漁協の職員が関東給食会の業者を案内役にいくつかのチームを組んで学校を回るようになった。

それでも対応し切れず，今年は長島さんの会社で愛媛大学の卒業生を雇用した。愛媛県出身，愛南町にある愛媛大学の南予水産研究センターで2年間学び，町内で「ぎょしょく教育」の実践も積んできた伊藤寛治さんだ。東京の担当者として学校の要望や反応を細かく聞き，9月以外の出前授業のリクエストにもこたえるなど，臨機応変に動くという。

なお，愛南町チームの出張経費は当初は町予算だったが，一昨年からは水産庁の事業を導入し，町の負担を軽くして実施しているという。

❸ 社会科の水産業で教えること

学習指導要領では水産業は選択！

ここからは具体的な教材と授業の話に入っていきたい。その前に，文部

科学省の「小学校学習指導要領」を見ておこう。社会科で学ぶ範囲は、3，4年生では身の回りの地域社会（市や県），5年生で日本全体に広がる。5年生の大単元は次の四つだ。
(1) 我が国の国土の自然と環境，森林
(2) 我が国の食料生産（農業や水産業）
(3) 我が国の工業生産
(4) 我が国の情報産業や情報化社会

　水産業を含む（2）で教えるのは、ア食料の国内生産と輸入，イ食料生産物の分布や土地利用，ウ食料を生産する人々の苦労や努力，輸送など。ウは「農業や水産業の盛んな地域の具体的事例を通して調べること」「価格や費用，交通網について取り扱うこと」とあり，稲作を必ず教えるほか，野菜・果樹・畜産物・水産物のうち一つを取り上げる。わたしはうかつにも知らなかったが，水産業は「選択」なのだ。

　水産業に関係する学習指導の目標は「我が国の産業の様子，産業と国民生活との関連について理解できるようにし（略）」，さらに「社会的事象を具体的に調査するとともに，地図や地球儀，統計などの各種の基礎的資料を効果的に活用し，社会的事象の意味について考える力，調べたことや考えたことを表現する力を育てるようにする」とある。

　以上をごくあっさり整理すると，地図や統計資料を使い，日本の水産業の姿を俯瞰し，具体的な事例で生産者の工夫・努力や輸送などについて調べ考え表現する，ということになるだろうか。

出前授業の構成とスライド

　ではここで，学習指導要領に沿って中野区の先生と一緒につくり，修正を重ねてきた愛南町の出前授業を最新スライドとともに紹介しよう。

　構成は，①自己紹介と愛南町の紹介，②日本の漁業の現状，③とる漁業（カツオの一本釣り），④育てる漁業（マダイの養殖）という流れだ。

　最初のつかみは「愛南ぎょレン

▲愛南ぎょレンジャー

▲カツオ漁の漁法の種類

▲日帰りカツオ漁の漁場

ジャー」だ。原案は愛南町の小学生で，町内の県立南宇和高校の美術部員がデザインした。タイレッド，カツオブルー，アコヤピンクなど七人のキャラクターから町の名産が一目でわかるようになっている。

つづく自己紹介にはプレゼンターの個性が光り，愛南町の海の香りが漂う。この存在感が聞く者をワクワクさせるのだ。

②の日本の漁業の現状は，グラフで漁業者の人口（17万3千人，3分の1強が65歳以上），漁業生産額（1兆4千億円，農業は8兆5千億円），とる漁業と養殖業の生産額の割合（ほぼ2対1）を見せる。ここでプレゼンターは，漁業生産額が30年前の半分であること，漁師の数が2008（平成20）年以降の5年間で5万人も減っていることを伝え，この授業で考えてほしいことを投げかける。

「この現状に対し，みなさんには何ができるのか？」

この問いは，授業の終わりに「魚も食べよう！」「みんなで水産業を守ろう！」という呼びかけにつながっていく。

授業は③とる漁業へと進む。カツオを題材に，回遊魚の生態に起因して，沿岸，沖合，遠洋漁業が行われ，一本釣り，巻き網，ひき縄などの多様な漁法があることを説き起こす。日本の水産業を広く教える配慮が見える。

ここで愛南町の一本釣りの映像を見せ，カツオを釣る工夫，苦労や努力に話を進めていく。日帰りカツオ漁の漁場である人工浮き漁礁，返しのない釣り針，エサのカタクチイワシはバケツ1杯6000円もするので水面に水をまいてイワシに見せかける，などの話だ。本物の竿と釣り針が登場すると子どもたちは興味津々。ここで休み時間になるので，釣り竿と釣り針を手に取り，教室は一しきり賑わう。

どっちが養殖のマダイ？

2時間目は、④育てる漁業の話に進む。愛南町で養殖業が盛んな理由を解説したあと、動画でマダイ養殖の仕事を紹介。成長に合わせて大きさが違うエサの実物も持参して子どもたちに見せる。カツオと同様に、重点を置くのは生産者の工夫だ。海の環境を汚さないようエサに工夫があること、ストレスを抑え健康的に飼ういけすの工夫、病気を防ぐ研究やワクチン接種、出荷の際に魚体を傷つけない配慮など具体的な話がつづく。最後は愛南町から東京まで13時間かかる輸送の話題である。これも指導要領に沿って盛り込まれた項目だ。

▲魚を育てる工夫

▲タイの出荷から東京に着くまで

話はこれで終わり。授業の最後は、大きなカツオとマダイをさわる体験と、マダイの「養殖」or「天然」の見分けクイズ。みなさんは見分けのポイントをご存じだろうか。わかりやすいのは尾びれの形と体色の違いである。天然の尾びれは三角に開いて尖っているのに対して、養殖は周囲のネットに尾びれが触れ、角がない。また体色がやや赤黒いのが養殖の特徴である。いけすは水深が浅いので日焼けするのだそうだ。ではお味は？

「松阪牛と野生の牛とでは、どちらを食べたいですか？　天然の魚は旬がおいしいですが、養殖の魚は1年中おいしいです。愛情たっぷりの愛南町の魚をよろしく！！」

これが授業の着地点ということになるようだ。

よくぞこれほど高いレベルまでつくり込んだものだ。もう少し情報の整理が必要だが、橋浦先生は「ほぼ完成形に近い」と太鼓判を押す。

❹ 中野本郷小学校の授業

愛南町を一般化できないジレンマ

出前授業の教材はほぼ完成した。では対する先生の側、水産業の授業に

出前授業を活用する研究はどう進んだのだろう。

　話を一旦4年前に戻そう。中野区の社会科部会では、出前授業を組み入れた水産業の授業を研究テーマとし、平和の森小学校で公開授業が行われた。ところがそこで「愛南町に密着すると、3，4年生で行う地域の学習になってしまう」という課題が浮かび上がったのだ。

　顧問校長の橋浦先生は言う。

　「5年生の社会科では、日本の水産業全般を扱わないといけません。愛南町の事例にこだわると水産業全体の広がりにもっていけず、子どもたちは愛南町の漁業が日本の水産業だと思ってしまいます」

　その後も何人かの先生がチャレンジしたが、出前授業は単元の中で浮いてしまい、どうしても水産業一般に広げられない。事例地の一般化は、予想以上に手ごわい課題だったのだ。

　実は橋浦先生はとびきりの愛南ファン、訪問は7回にもなる。何度も愛南町に通って話を聞き資料を集めるうち、水産業一般に広げる手がかりがだんだん見えてきたという。ポイントは主に三つ。

①カツオ漁を題材に日本の各種の漁業を教えられること
②教科書や地図帳など資料を使い、愛南町の事例の位置付けを明確にすること
③愛南町の人々の工夫や努力を調べ考えさせること

　「カツオ漁の漁場は沿岸から遠洋まであり、漁法も多彩です。それに愛南の一本釣りは季節によって漁港から日帰りする時期と、群れを追って移動し漁場近くの港に水揚げする時期があります。そこから産地と消費地の輸送のことも学べます。イワシの巻き網漁もありますし、愛南町の漁業から水産業一般に話を広げることはできるんですよ」

　橋浦先生は今年の夏の愛南町訪問で、その確信をつかんだという。

導入と出前授業

　今年、橋浦先生が異動した中野区立中野本郷小学校では、新たに愛南町の食材を給食に取り入れ、初めて愛南町の出前授業を行った。5年生の担任の先生は二人とも社会科部会の所属ではないが、出前授業には興味があったという。そこで今年は、校長の橋浦先生自らが水産業の単元構成表をつくり、それをもとに三人で相談しながら指導案をつくっていった。

水産業がさかんな愛南町　単元構成表

※丸数字は授業時間。

・小単元の目標
水産業に従事している人々の工夫や努力，生産地と消費地を結ぶ運輸などの働きを通して，国民の食料を確保する重要な役割を果たしていることや自然環境と深い関わりをもって営まれていることを考える。　（学習指導要領 内容 2-ウ）

・問題意識をもたせるための導入 身の回りに多くの水産物があることやわが国は多くの水産物を消費していることを資料から気付き，日本近海の自然条件や消費地から遠く離れている愛南町の様子から従事している人々の工夫や努力に着目させる。①②③	**・資料活用のポイント** ①９月の給食献立表 ②伊藤さんのお話
・学習問題の設定 水産業の盛んな愛南町では，どのような工夫や努力をして，わたしたちの食生活を支えているのだろう。④	

・追究活動・調べ活動

〈調べること〉		〈そこから考えさせたいこと〉	
⑤遠洋漁業の盛んな焼津市	→	黒潮の流れで回遊するカツオを追って，長い期間をかけてカツオをとって，新鮮なままや冷凍にして漁港で水揚げしているんだな。	⑤主な漁港の水揚げ量（教科書） カツオの一本釣り漁（写真）
⑥⑦愛南町での沖合漁業	→	黒潮の流れが近く，多くの種類の魚が水揚げされる。巻き網漁法について，様々な工夫があり，効率よくとる工夫がなされているんだな。	⑦イワシの水揚げ（写真）
⑧愛南町での育てる漁業	→	海がきれいでリアス海岸の特色を生かし，環境を守ることにも注意していろいろな魚などを育てているんだな。	⑧鯛養殖場（写真）
⑨愛南町から食卓へ	→	消費地から遠い愛南町でも新鮮で安全な水産物を届けるために，漁協や輸送業者は様々な工夫と協力をしているんだな。	⑨東京に向けての活魚輸送作業（写真）

・学習の振り返り　⑩ ○日本人は魚が好きな人が多く，水産業はわたしたちの食料を確保する大切な仕事である。 ○沖合漁業では，多くの種類の魚が水揚げされ魚市場でせりにかけられている。 ○遠洋漁業では，船が魚を追いかけて一本釣りや巻き網などの漁法で漁をしている。 ○200海里水域問題で漁業が制限され，水揚げが減っていることや漁業に携わる人が減っていることは問題だと思った。 ○これからは栽培漁業を盛んにする必要があると思う。また，そのとき，海の環境を守ることが大切だ。 ○安全で新鮮な魚を消費地に届けるために様々な工夫をしていて，わたしたちの食料が確保されているんだな。	**・まとめの表現活動** ⑩新鮮，安全でおいしい水産物が消費地に届けられるための工夫や努力を環境，漁法，運輸などの視点から関係図でまとめる。

第２章　海の学校編

143

5年1組の徳永圭子先生の授業をいくつか見せていただいた。
　最初の授業は出前授業の直前だった。導入と課題の抽出がテーマだ。導入は9月の給食献立表である。食品名の一部が塗りつぶしてあり，それが水産物だと気付かせるしかけだ。子どもたちは，水産物をよく食べていることやゼリーは海藻の寒天だということなどを発見し驚いている。教科書に載っているグラフで，日本は魚や貝の消費量が多いことも確認した。
　次いで課題の抽出だ。教科書の地図資料「主な漁港の水揚げ量」や都道府県別生産額の円グラフから気付きや疑問を見つける。一人で→隣りどうしで→班でという流れで考え，寒流と暖流のぶつかるところに魚が多い，北海道は漁港も生産額も多い，銚子港が水揚げ量1位などの気付きが次々に出る。ただ簡略化された資料のため，ホタテガイは青森県だけでとれる，愛媛県は生産額が全国3位なのに四国には漁港がないなど，事実からずれた気付きも見受けられた。しかし課題を見つけるのが目的なので今日はこれでよいのだ。むしろ「四国に漁港がない」は，ねらっていた気付きだ。事実とは違う気付きは，後の授業で調べ解決されていった。
　次に，班で三つに絞った「調べたいこと」を紙に書いて黒板に貼る。四国のナゾがトップで，海流のぶつかるところ，北海道に漁港が多い，青森のホタテガイ，調べたいことはこの四つにほぼ整理された。

▲栄養士さんが愛南町のタイを紹介

　最初の授業はここまで。さあ，楽しい給食だ。この日の献立はタイ飯！愛南町の加工業者がカットした，マダイの切り身がコロコロ入っている。一緒に納入されたアラでとった出汁がご飯にしみておいしい。午後の出前授業用に大きなマダイが2匹，愛南町から届いているのを知った栄養士さんが，「是非他の学年の子どもたちにも見せてあげたい」と各教室を回り，愛南町のマダイは大活躍だった。
　午後はいよいよ出前授業である。担当は長島さんの会社の新人，愛媛県出

▲給食に出された鯛めし

身の伊藤さんだ。6月に愛南産のカツオが給食に出た日に、一本釣りの釣り竿を持って話をしに来たので、子どもたちは伊藤さんとはすでに顔なじみだ。

兵頭さんのスライドをもとに、流れるように授業は進む。子どもたちは食い入るように伊藤さんの話を聞き、動画に見入っている。

そして最後のクライマックス、カツオとマダイにさわる体験と、マダイの養殖と天然の見分けだ。どうやら子どもたちは尾びれや体色の違いに気付いている。しかし判断の結果は──残念！子どもたちの予想が3分の2がハズレ。色黒で太った養殖マダイがたくましく見えたようだ。

▲伊藤さんの出前授業の様子

▲クイズのタイを持つ徳永先生ら担任の先生

その後の授業の展開

出前授業の後の授業は、次のような展開で進められた。

4時間目　今まで出た課題について調べよう
5時間目　遠洋漁業（例：カツオの一本釣り）について調べよう
6時間目　愛南町の人々のカツオの一本釣りの工夫を調べよう
7時間目　いろいろな沖合漁業について調べよう
8時間目　育てる漁業（養殖，栽培）について調べよう
9時間目　愛南町の人々の育てる漁業の工夫を調べよう
10時間目　小単元のまとめ（ウェビング）

4時間目は、愛南町の出前授業を振り返りながら、最初の授業で浮かんだ「愛媛県は生産額全国3位なのに四国には漁港がない」という疑問について、資料集や教科書を調べて解いていった。それは日本の漁業の全体像をつかみ、その中に愛南町を位置付ける作業でもあった。

5時間目の導入は、愛南ぎょレンジャーのカツオブルー。出前授業を思い出し、回遊魚であるカツオの生態とそれを追いかける漁業の種類をお

さえる。そして，教科書に掲載されている事例地の焼津港とカツオの遠洋漁業について調べていった。

　6時間目では，愛南町の事例からカツオの一本釣りの「人々の工夫や努力」に迫る。みんな出前授業の内容をよく覚えていて驚かされる。子どもたちの心にしっかりと届いているのだ。ここで大事なのは，伊藤さんの話やビデオに登場した「具体的な人々」のイメージだ。

　橋浦先生は「小学校の社会科は『物事』よりも『人』がテーマなんです。6年生の歴史でも出来事ではなく誰が何をしたのかを学びます。だから水産業の授業では愛南町の人々が生きてくるんですよ」と語る。

　7時間目は水産業一般に戻り，沖合漁業の授業だ。教科書の事例地は長崎県の巻き網漁。教科書や資料集で巻き網漁や様々な沖合漁業の漁法を調べていく。さらに，徳永先生は橋浦先生が愛南漁協で手に入れたイワシ巻き網漁の水揚げの写真も見せ，多くが養殖のエサや肥料になることも話した。また，愛南町の沖合漁業のカツオ船は，カツオの群れを追って移動し，漁獲の鮮度が落ちないように漁場近くの漁港に水揚げをすることも思い出させた。愛南町の出前授業は見事にしっくりと水産業一般の授業に溶け込んだ。

　8時間目は育てる漁業に入る。導入は再び愛南ぎょレンジャー。マダイ，ブリ，アコヤガイ，ヒオウギガイ，カキ，ヒジキの養殖水産物だ。次いで徳永先生が使ったのは，教科書のヒラメとホタテガイの漁獲量と生産量の推移のグラフ（青森県）である。グラフの気付きとその理由を考えさせ，天然資源の枯渇により育てる漁業が盛んになったことへと導く。さらに教科書を読んで，養殖漁業と栽培漁業の違いも比較・整理した。

　9時間目は6時間目と同じように，愛南町の養殖業での「人々の工夫や努力」をクローズアップし，出前授業で学んだことを思い出させる。安全でおいしい魚を海の環境を守りつつ生産し，鮮度を落とさずに消費地に届ける工夫や努力を子どもたちはしっかりとまとめていった。

　いよいよ最後の授業だ。橋浦先生は，「愛南町」から始まるウェビングマップをつくりまとめることにした。最初に一人で→隣りどうしで→班でという流れで作業し，他の班のマップも参考に情報を書き足していく。学んだ知識と愛南町の人々の思いを散りばめたマップが完成した。しかも水産業一般の広い学びをベースにした理解は深く分厚い。兵頭さんや伊藤さ

んに見せてあげたいと思った。

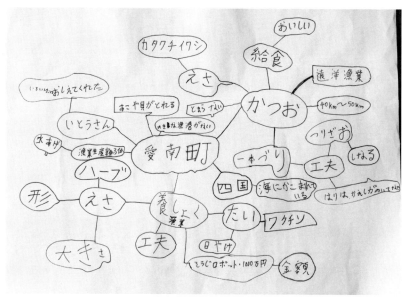

▲完成したウェビングマップ

❺ おわりに

　愛南町と中野区のこの実践が教えてくれるのは，海辺の学校でなくても生きた海の教育ができるということだ。食を通してわたしたちは，海，そして漁村とつながっているのだ。たしかにこの事例は，産地，学校，両者をつなぐ業者の粒立った3者が揃った稀有な例かもしれない。しかし完成形ではなく，一部分での導入なら手がかりはあるはずだ。

　先に記したように，日本の水産業の現状は厳しい。産地では窮状を打開しようと加工や直接販売に着手したり，観光や体験事業で人を呼び込んだりなど，消費者に直接つながる門を開こうとしている。教育旅行受け入れの取り組みもその一つだろう。愛南町と中野区のような結び付きの芽は，よく見ればあちこちにあるはずなのだ。

　先の読めない未来を切り開き，強く生きる人間を育もうとしている今の学校教育には，生きた水産業の学習はまさにピタリ合致すると思える。社会の課題を自ら解決していく教育の，一つの可能性がここにある。

東京都中野区立中野本郷小学校への提言
～わたしの視点～

 豊かな教材を生かし子どもの考えを引き出した，つなげる授業づくり

　本単元の導入にあたる3時間つづきの社会科授業を参観した。40年ほど学校現場にかかわっているが，同じ教科を3時間連続で参観するのは初めての経験だ。お得感いっぱいである。

　1時間目は，豊富な教材を駆使した，子どもたちに考えさせる授業であった。まず，身近な資料である9月の献立表の中から魚介類がいかに使われているかを見つけさせた。日本の漁港の地図を二人に1枚配布したのもうまいやり方である。机の真ん中に資料を置き，自然と対話が始まった。各々に自分の考えを手振りも加えて述べ合い，自分のノートに記述していく。海流と漁獲量との関連も見つけ出している。学習意欲や学習技能が高い学級であることがわかる。その後のグループでの話し合いも，ペア学習をはさんでいることで活発である。ただ，簡略化された資料であるために，子どもたちが「四国に漁港はない」と判断したのは惜しかった。これがこの授業の一つのしかけでもあるのだが，四国から駆けつけたわたしとしては，「手もとにある資料集も見て確認してみて！」という言葉が思わず出そうになってしまった。各グループから出た課題についてもやや偏りが見られたのが残念である。今後の学習や新たな資料でそれらの課題が解決されていくことが期待される。

 ゲストティーチャーとのコラボ授業

　養殖ダイと天然ダイ，大漁旗や釣り竿などの実物を用いた2・3時間目

の授業には，わたし自身も興味深く参加した。ゲストティーチャーの伊藤さんには魚食に対する信念のようなものを感じた。愛南町のこと，カツオのこと，釣り方など，自ら制作したというプレゼンテーション資料を用い，熱く語られた。全員に養殖ダイと天然ダイをさわらせた後，どっちが天然ダイかを当てるクイズが出された。わたしはさわらなかったのでその点については判断がつかないが，形や色，太り具合などを比べながら，子どもたちと一緒に考えた。

　徳永先生と田中先生が手にした2匹のタイが写った写真は，独立行政法人教員研修センターをはじめ食育のカリキュラムマネジメントに関する講演において，特にアクティブ・ラーニングについて説明をする際に利用させていただいている。

　「どっちが天然か考えて」「正解することよりも，理由を考えることが大事」と伝えている。受講生は栄養教諭の場合が多いので，大半が正解する。しかし，理由は様々である。

　「餌を食べ過ぎて太っているほうが養殖」「浅瀬で生活していて日が当たるので色の濃いのが養殖」が一般的で，つづいて「狭いところを泳いでいるので背びれや尾びれが丸くなっているのが養殖」「大海を泳ぐので背びれや尾びれが尖っているのが天然」が出てくる。「警戒しているので眼が鋭いほうが天然」といったものまである。

　さて，子どもたちの反応はというと，天然ダイを養殖と判定したほうが多かった。伊藤さんが理由を尋ねると挙手はまばらである。2名指名して発表させた。「色の薄いほうが養殖」と判断しているようだ。でもその理由は述べていない。その後すぐに，挙手で判定させ，正解とその理由を説明したが，もう少し子どもたちに考えさせたかった。実物を見てさわるという経験はすごいことである。正解することよりも見たりさわったりした体験をもとに，感じたことや気付いたことを出し合い，互いの考えを比べたりつなげたりすることで解を見つけ出していくプロセスを楽しんでほしい。教材がよいだけに惜しい。この点は伊藤さんに直接お伝えした。子どもの考えを引き出すゲストティーチャーをめざしてほしい。

村川雅弘

ふるさとの海を愛し誇れる教育
〜熊本県水俣市立袋小学校の取り組み〜

1 水俣市の水俣病に関する教育

先生たちがつくった副読本

　水俣は，海も山も空も底抜けに明るい。いかにも南九州の土地らしく，青く澄んだ海も照葉樹の葉っぱも，強い陽の光に照り輝いているのだ。この明るさに水俣という地名を重ねたとき，ふと意外な感じがしたのは，水俣病を記録したモノクロの映像が記憶の底に刷り込まれているせいかもしれない。

　公害の名がかぶせられた「水俣」の地名は，それほどまでにイメージが凝着してしまっている。しかし，言うまでもなく水俣市は，公害とそれに派生する幾多の確執を解決しようと，力強く歩んでいる。

　大きな「海の公害」を経験し乗り越えてきた水俣で，その海をふるさとに生きる子どもたちに，どのような「海の教育」がなされているのだろうか……。水俣取材の出発点は，まさにそこにあった。

　「海の教育以前にわたしたちは，水俣病に関する教育に試行錯誤を重ねてきました。それは，とても長い道のりでした。そして補償や差別の問題も含め，水俣病はまだ終わってはいません。ですから，試行錯誤は今もつづいているのです」

　まず訪ねた水俣市教育委員会で，教育次長の福島恵次先生〔2014（平成26）年度当時〕は，穏やかに語り始めた。

　福島先生が小学校教員として水俣に転勤してきたのは四半世紀前。すでに学校では水俣病の学習は行われていた。

　「けれど，わたしは水俣病についてよく知らなかったですし，教材や資料をどうさがし扱い，どう教えたらいいのか戸惑いました。しかも市民の間に水俣病問題のとらえ方の違いがあったので，言葉の選び方一つにも配慮が必要でした」

　しかし，この悩みは一人福島先生だけのことではなかった。そこで

1995（平成 7）年に，水俣市教育委員会が現場の先生たちの声と知恵を集めてまとめたのが，水俣病学習を中心とした副読本『心ゆたかに水俣』だ。以来，市の環境モデル都市推進に沿って 6 年ごとに改訂を重ね，「環境教育」の中に位置付けつつ水俣病に関する教育は深められてきた。

水俣病について
　水俣病は，有機水銀を含む工業廃水が海に流されたことが原因で，魚介類を摂取して体内に入ることで発症した。

年　代	できごと
1956（昭和 31）	水俣病を公式確認
1968（昭和 43）	国が公害病として認定。被害者数は 2 万人以上とも言われる
1974（昭和 49）	水俣湾が網で仕切られ漁業禁止に
この間，汚染されたヘドロを浚渫し，埋め立て工事を実施	
1997（平成 9）	海の安全宣言。漁業も再開
2008（平成 20）	国の環境モデル都市に認定。市内の学校でも学校版ISOに取り組んでいる

　一方，水俣病は市民間の対立も生んだ。原因企業は地域の主幹産業であったため被害者と加害者が隣り合う不幸を招き，病気への偏見や差別も根強かった。しかし「対立から未来は開けない」と，1990（平成 2）年ごろから対話が始まる。現在，「もやい直し」を合言葉に，市民が力を合わせて環境，健康，福祉の町づくりを推進している。

義務教育 9 年間の学習プログラム

　「副読本の次は，具体的な指導例を盛り込んだ学習プログラム集をつくりました。水俣病に関する教育は小・中学校の 9 年間にわたって行われます。そこで，発達段階に応じて系統立った学習がどこの学校でもできるようにと考えたのです」と，福島先生は話をつづける。

　2011（平成 23）年に教育委員会が発行した『水俣市環境学習資料集』は，水俣病に関する教育の一つの到達点だと言える。本項の事例にもかかわるので，「各段階と学びの内容」を紹介しよう（P152 参照）。

　この資料集には，育てたい児童・生徒像を「水俣病についての正しい認識に基づき，環境モデル都市として取り組みを進める水俣市の姿を理解し，将来にわたって郷土水俣を誇れる児童・生徒」と掲げている。「郷土水俣を誇れる」という言葉から，子どもたちの明るい未来を願う先生たちの心が伝わってくる。というのも，いまだに水俣の子どもたちは，差別と向き合わざるを得ない現実があるからだ。

段　階	学びの内容	その他の活動（例）
小学校 低学年	○水俣病との出会い ○水俣病についての基本的な知識・理解 ○家族愛・命の大切さ・自然を大切にする心の育成等についての学習	患者さんとの交流
小学校 中学年	○水俣病についての基本的な知識・理解（人権問題にかかわる内容等） ○家族愛・命の大切さ・自然を大切にする心の育成等についての学習 ○水俣市の環境を大切にした取り組みの基本的理解（水の確保・ごみの処理） ○水俣の自然や環境等への理解	患者さんとの交流 地域の調査・見学 関係機関の見学（水資源にかかわる機関・クリーンセンター等）
小学校 高学年	○水俣病についての総合的な理解（多面的な視点からの理解） ○水俣病を教訓に環境モデル都市へと取り組む水俣の姿 ○水俣病から学んだことの発信	患者さんとの交流 水俣病資料館の見学（語り部さんの話） チッソ工場の見学 学習した内容の発信
中学校	○水俣病に対する差別・偏見に対する基本的認識と行動 ○水俣病から学んだことの整理・統合と発信 ○環境モデル都市への取り組みを進める水俣市の理解と自分の行動の深化	患者さんとの交流 関係機関の見学・連携 映像資料等の活用

　例えば数年前，中学校の修学旅行中に，ホテルで肩が触れた他県の生徒から「水俣！病気がうつる」という言葉を投げつけられる事件があった。しかし，そのときの水俣の中学生の対応はすばらしかった。先生たちと相談し，相手の学校に申し入れて集まりを開いた。そして，水俣病の正しい知識と市の環境への取り組みについて，堂々と話したのだという。水俣病はまだ終わっていないと気付かされるとともに，水俣病に関する教育が大きな実を結んでいることを実感させる逸話である。

「水俣科」でふるさとのよさを教える

　長年にわたって教職員が心血を注いできた水俣市の教育に，2014（平成26）年度，まったく新しい展開があった。それは，「負の歴史だけではなく，郷土の優れた歴史文化や偉人，豊かな自然にも目を向け，ふるさと水俣を学び直そう」という視点が加わったことだ。

　福島先生は「もちろん水俣病の学習はつづけますが，ふるさとを誇れる教育にもっと力を入れていこう，という考え方なのです」と話す。この視点に沿って副読本『心ゆたかに水俣』も4回目の改訂をした。古代から近世までの歴史や遺跡，徳富蘇峰などの人物，伝統芸能，農業や漁業の特産物，景勝地，海・山・川の豊かな自然などに，3分の1のページ数を

割いたのだ。

　教育カリキュラムにも新たな工夫が加えられた。総合的な学習の時間の中で，とくに水俣のよさを学ぶ郷土学習を「水俣科」と名付けたのが一つ。そしてもう一つ，土曜日に3時間，主に総合的な学習の時間の授業を行う「土曜授業」をスタートさせたことだ。

　「土曜授業は年間10回です。3時間のまとまった時間をとることと土曜日に設定することで，より積極的に地域の協力もいただきながら，力強くふるさとの学習を進めるのがねらいです」と，福島先生。

　学習のテーマは，それぞれの地域の特性に合わせ学校ごとに決めるという。その中で，海にテーマを絞った学習をしている学校はあるのだろうか？「海に近くて校区に漁村もある袋小学校の6年生が，総合的な学習の時間で海の学習に取り組んでいますよ」そう福島先生に教えていただき，さっそく袋小学校を訪ねてみた。

❷ 海に寄り添う小学校

校庭でウナギがとれる？

　水俣市は三方を400〜900mの山や丘陵に囲まれ，西側のみが八代海（不知火海）に開けている。市境の山々は分水嶺で，水俣市は水源から海までの水系を丸ごとすっぽり包み込んでいるのが興味深い。

　袋小学校の校区は水俣市の南西の角にあたる。リアス式の沿岸には文字通り巾着型をした袋湾が入り込み，袋小学校と袋中学校はその湾奥にちょこんと並んで建っている。

　実は袋湾の周辺は埋め立てをまぬがれ，自然海岸が残されている貴重な場所だ。ここは，絶滅危惧種の生き物が多くすむことで，海洋環境の専門家にもよく知られている。袋湾につづく茂道湾には漁港があり，水俣病の被害が大きかった地域でもある。

　山側に目を向けると，学校にほど近いスダジイの森の中に「冷水」と呼ばれる湧水がある。年間通して16℃の水が日に3千トンも湧き，現在でも人々の生活を支えている。山からの伏流水は海の中にもボコボコと湧き出し，豊かな海の恵みを育む。

　学校の回りにはタマネギの畑が広がり，ミカン山や照葉樹の森へとつながっている。海も森も田畑もある，よい土地だなあと眺めていたら，「校

▲ウナギがとれるビオトープ

庭のビオトープには，海からウナギやカニがのぼってくるんですよ」と6年生担任の山本清先生に教えられた。海から用水路を経てビオトープへと，水の流れがつながっているらしい。

「先日，うちの学級の子たちがウナギを捕まえてきたので，わたしがさばいて蒲焼にして食べさせました」と山本先生は笑っている。校庭でとれたウナギを食べるなんて，何とすごい学校だろう！野性味タップリのこの話が，袋小学校の第一印象として焼きついてしまった。

袋小学校の子どもたちと海

山本有三校長先生に，学校の概要をお聞きした。児童数は198人〔2014（平成26）年度〕。校区に公営団地があるためサラリーマンや公務員の家庭が多くを占めるが，専業や兼業農家の児童もいるそうだ。漁家のほうは，近くに茂道という漁村があるものの高齢化が進み，現在漁師の家の児童はいないそうだ。

この学校の子どもたちは，海で遊ぶことはあるのだろうか？

「1年生の歓迎遠足で，全校児童が一緒に磯遊びに行きますよ。近くに転石の磯があって，石投げをしたり磯の生き物をさがしたりして楽しみます」

いかにも海辺の学校らしい行事だ。

日常生活ではどうだろう。

「安全面から，子どもだけで海や川に入らないよう指導しています。といっても，このあたりは海底が石交じりの泥っぽいガタ（干潟）で，泳ぐ

▲潮の引いた磯には生き物がいっぱい

ような海ではないんです。漁港の岸壁などで釣りをする児童はいるようです
よ。釣りについては学校ではとくに禁止や指導はしていません」

　山本校長先生は水俣の海辺育ちで、「子どものころは、水俣川の河口で
山ほどアサリを掘って食べたものです」と、懐かしそうだ。

　放課後、6年生の子どもたちに話を聞いてみると、「お父さん、おじい
さんとよく釣りに行って、釣った魚は食べている」という子が何人もい
た。海辺に住む女の子は、磯の小さな巻貝をとって食べた後、固いふたを
使ってオセロゲームをすると聞かせてくれた。

　水俣の海は安全宣言が出され漁業も再開されているが、風評被害に配慮
して産地表示は水俣ではなく「八代海産」として流通させるという話も耳
にする。しかし地元の人たちは昔と変わらず、釣った魚を食べるなど、海
辺の暮らしを楽しんでいるようだ。

　一方、家族に釣りなどの趣味がない子どもたちは、日ごろ海に親しむこ
とはあまりないらしい。ただ、多くの家庭が夏には海水浴に出かけるよう
で、子どもたちは口々に楽しそうに話してくれた。

各学年の「水俣科」

　さて、袋小学校の各学年の「水俣科」の取り組みは、どのような内容な
のだろう。2014（平成26）年度の総合的な学習の時間の中から郷土学
習を抜き出してみた。

3年生 57時間	テーマ「袋に目を向けよう」 ○ここがすごいぞ！袋じまん➡名産品や名所を調べてみよう（サラダタマ 　ネギ、筆塚、奉納相撲など）。学んだことを発表してみよう ○水俣の自然（海・山）を守ろう！➡わたしたちにできることは？ ○「2001水俣ハイヤ節」を通して伝えよう
4年生 58時間	テーマ「水俣の自然（海、山）を守ろう」 ○校歌の歌詞にある袋の自然を調べよう➡冷水、茂道、袋の入江、恋路 　島、月浦など／わたしたちにできることは？ ○「2001水俣ハイヤ節」を通して伝えよう ○人にやさしい町づくり➡校舎の秘密を知ろう／人にやさしい町とは？／ 　点字について調べよう／調べたことをまとめよう
5年生 60時間	テーマ「命や環境を守りながら暮らしている袋の人に学ぼう」 ○命を育てていただきます！➡田んぼで稲を育てよう（アイガモ農法）／ 　収穫祭をしよう／学習したことを地域の人に伝えよう ○命や環境を守りながら暮らしている袋の人に学ぼう➡環境にやさしい石 　けん工場、紙すき工房などの見学／水俣再生の取り組みを調べよう
6年生	テーマ「水俣の海を発信しよう」（詳細は後述）

「水俣科として新たに加えた学習もありますが，以前からの取り組みを継続している要素も多いですね。この他に，全校でサラダタマネギ（水分が多く甘い品種。生のままサラダで食される）の栽培もしています。ご存知ですか？袋地区はサラダタマネギ発祥の地なんですよ」と山本校長先生は教えてくれる。なるほど，学校周辺のタマネギ畑はこれだったのか。

3，4年生の「2001 水俣ハイヤ節」とは何だろう。「これは，校区の茂道の水俣病患者で語り部の杉本栄子さんたちが，水俣病を伝えるために民謡をアレンジした歌と踊りです」群れ泳ぐ魚，網を引く漁師の動きなどが生き生きと表現されているという。水俣病の苦難と克服の道のりを語り継ごうと，創作された 2001（平成 13）年当時から児童たちが運動会や音楽会で踊っているそうだ。

伝承は単に振り付けを教わるだけではない。練習に先立って「魂入れ」の儀式を行うという。「最初は杉本栄子さん，栄子さんが亡くなってからはご家族や水俣病の患者団体から人を招いて，歌と踊りに込められた思いを子どもたちに伝えてもらっています。このことで，子どもたちの表情や姿勢が変わりますね」水俣病の患者を多く出した地域の小学校ゆえの，伝承の重さがあることがしのばれる。

郷土学習の取り組みは，中学校へとつづいていく。袋小学校と袋中学校とは，校区がピッタリ重なっている。袋中学校では，学校近くの海で体験ダイビングや干潟の生き物調査などの授業を行い，海の教育を発展させていると聞いた。

❸ 6年生の海の学習

なぜ「海」を選んだのか

いよいよ 6 年生の「水俣科」の海の学習に話を進めよう。

2014（平成 26）年度の 6 年生は男子 15 人女子 19 人，計 34 人の 1 クラスだ。担任の山本清先生は袋小学校勤務 4 年目。「わたしは水俣の北，芦北町田浦の育ちです。釣り好きの父の船に乗って 2 歳のころから海で遊んでいました」という，自他ともに認める釣り好き，海好きだ。

初めての水俣科のテーマに「海」を選んだのは，自身が釣りを通して水俣の海のすばらしさを知っているからだ。

「海の中のことは，陸から眺めているだけでは見えにくいですよね。子

どもたちに海の中の様子を体験させ想像させることで，身近な海の本当の
姿や豊かさを知り誇りにしてもらいたい，そう思いました」

　たしかにそのとおりだ。海の中の様子は陸からはなかなか見えにくい。
そのため，海は「意識の外の存在」に陥りやすいとよくいわれる。経済成
長が進む中，浅い海は次々に埋め立てられ，あるいは汚染されていった。
人口は都市に集中し，食の生産現場と食卓との距離は遠くなる一方だ。意
識が及ばなければ，海は汚れようが埋められようが気にされない。海を知
らないから，むやみに恐れて近付かない。島国の日本であっても，海は
「美しい風景」としてときおり遠くから眺めるだけのものになりがちなの
だ。

　山本先生は水俣科の学習において，眺めるだけのよそよそしい関係では
なく，いろいろな感覚を使って海になじむことで，ふるさとの海の豊かさ
を児童に気付いてほしいと考えたのだ。

　こうした思いを込めた海の学習「水俣の海を発信しよう」は，年間の総
合的な学習の時間 70 時間のうち，平和学習等にあてた時間を除き，32
時間を割いて行われた。年間指導計画は次のとおりだ。

1 学期 15 時間	○水俣の海を調べよう（つかむ） ・水俣の海について考える（ウェビングマップ） ・地域の一員としてできることを考える ・海の観察（釣りによる身近な魚の調査） ・講師に海中写真を見せてもらう（ダイビングショップ，森下誠さん） ・学んだことをまとめる ・水俣の海の魅力を伝える方法を考える ・海の生き物の写真に解説をつけ，リーフレットをつくる
7 月 20 日	校内キャンプ：恋路島への競り舟漕ぎ，島周辺での海遊び
3 学期 17 時間	○水俣の海のよさを表現し発信しよう（さぐる，ふかめる） ・新たな探究課題を設定する ・水俣病の情報を収集する ・集めた情報の分析と整理をする ・講師の話を聞く①（水俣病の語り部，漁師の杉本肇さん） ・講師の話を聞く②（元・水俣市漁業協同組合参事，諫山幸保さん） ・フォトブック作成の計画をたてる ・グループで構成を話し合う ・原稿を発表し合い，アドバイスし合う ・フォトブックの設置施設を考え，設置のお願いをする ・これからの自分の生き方を考え作文にする ・振り返り，感想交流

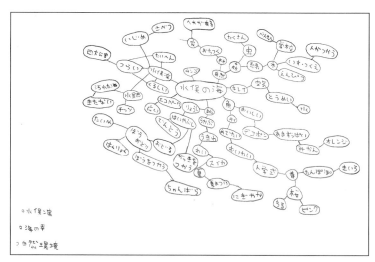

▲「水俣の海」から広がるウェビングマップの例

　児童一人ひとりに課題を見つけさせる最初の「つかみ」は、「『水俣の海』から思い浮かぶこと」のウェビングから始まった。この作業を通して、子どもたちと海とのかかわり、水俣病や郷土の学習を通して海をどうとらえているのかなどが、あぶり出されてきたという。
　「ウェビングから、三つの共通キーワード、①環境、②海の幸、③水俣病が浮かび上がりました。子どもたち自身にもテーマの把握の過程はわかりやすかったと思います」
　次のステップは、年間の課題を見つけること。子どもたちに「地域住民の一員としてできること」を考えさせ、話し合わせたという。その結果、「水俣の海のすばらしさを、水俣の人にも外から来る人にも伝えたい」という意見が出た。そこで、水俣の海の調査をしようということになり、うまく釣り体験へとつなげていった。

釣りで身近な海を調査

　1学期は、水俣の海を調べ知ることを学習の中心とした。山本先生がとくに意識したのは、「ふだん見ることができない海の中」を体験的に知ることである。そこで、5月の土曜授業では「身近な海にいる魚の調査」として、先生の得意分野でもある釣りをすることにした。
　場所は学校から歩いて行ける茂道漁港。土曜日なので保護者に呼びかけ、安全面の見守りなどの協力を依頼した。釣り好きの保護者は、道具の

用意や釣り方の指導も進んで引き受けてくれたという。

　釣れた魚は，ガラカブ（カサゴ），フグ，キス，スズメダイ，コチなど。山本先生は，「もちろん釣った魚は持ち帰って，家で食べてもらうようにしました。ふだん釣りをしない児童は，学校の近くに食べられる魚がこんなにいることに驚いたようです」と話す。

▲「身近な魚を食べる」釣りによる生き物調査

　この日の調査にはおまけもあった。放課後，釣り足りなかった山本先生は別の漁港に行った。「運よくコノシロの群が回ってきたところに，近くに住む女子児童が通りかかったので，彼女たちにも竿を持たせてじゃんじゃん釣りました。釣ったコノシロはみんな喜んで持ち帰りましたよ」

　先生も大満足だ。

　釣りによる「海の調査」は，魚を自分でとって食べることで，身近な海を心にも身体にも取り込む，重要な授業になったに違いない。

海中写真で海の中を知る

　山本先生が次に用意した「水俣の海の中を知る」授業の題材は，海中写真だ。講師に招いたのは，水俣でダイビングショップを営む森下誠さん。水俣出身の森下さんは，2009（平成21）年に郷里に戻ってダイビングショップを開業。息を吹き返した水俣の海の様子を発信するかたわら，海の環境保全活動にも力を注いでいる。

　「森下さんの写真に写る生き物の多彩さや美しさは想像以上でした。しかも海岸から泳いで行けるすぐ近くの海だと聞いてびっくりしました」と，山本先生は言う。黒板に並べられた写真は魚だけでなく，長さ数メートルものホンダワラという海藻の森や，銀色に輝く小魚の群，奇抜で不思議な色と形をしたウミウシたち，子どもをお腹に抱くタツノオトシゴのオス，ポリプが花のように開いたサンゴの仲間たちなど。

　「本当にこれが水俣の海なの？！きれい！すごい！」と，子どもたちは歓声をあげながら見入っていたという。

　そして次の授業へ。二つの体験授業での驚きと感動をどう発信したらよ

▲大迫力の海中写真に見入る子どもたち

いのだろう……。この課題について子どもたちが意見を出し合った。その結果，森下さんの写真からそれぞれが好きな生き物を選び，名前や生態を調べて解説を付け，リーフレットをつくることになった。でき上がった作品からは，子どもたちの驚きや感動がひしひしと伝わってくる。

▲リーフレットの作品

海遊びで1学期の学習のダメ押し

　袋小学校の6年生には，水俣市の他の小学校にはない海の行事がある。PTA主催の校内キャンプで，思いっきり海で遊ぶのだ。めざすのは，水俣湾に浮かぶ無人島の恋路島。学校近くの浜から片道3キロの海路を，ペーロンに似た「競り舟」をこいで渡るのが恒例だ。島に上陸したら，思う存分海遊びをする。飛び込んだり泳いだり，磯で生き物をつかまえた

り。子どもたちは「ウニを割って食べたんだよ！すごくおいしかった」などと口々に話してくれた。

　１学期の水俣科の授業は，よく知らなかった身近な海の豊かさ，美しさ，おいしさ，楽しさを，体験を通して刻み込むものとなった。

▲恋路島の海で思い切りはじける

❹ 水俣病と，海の体験学習をつなげる

海で生きる人から学ぶ

　３学期にまず取り組んだのは，次の課題の設定だ。

　山本先生は，「１学期に体験を通して水俣の海のすばらしさを学びました。そのすばらしい海が，公害からどうやって回復し守られているのか，水俣の人の『努力のすばらしさ』を次のテーマにしたいと思いました」と話す。その上で，水俣をふるさととして生きる自分の「生き方」を児童に考えさせるよう導こうと考えたという。

　一方，「水俣の海のすばらしさを伝える」表現方法は，写真に文章をつけた「フォトブック」となり，駅や公共施設に設置することが決まった。フォトブックという形式は山本先生の示唆から生まれた案だ。以前，簡易版の実践をしたことがあり，手ごたえを感じたのが頭にあったという。

　また３学期には，水俣市の全小・中学校で水俣病の学習を４〜５時間行うことになっている。山本先生は，市の副読本「心ゆたかに水俣」を活用した水俣病の学習を海の学習とリンクさせ，フォトブックに掲載するテーマの調べ学習に組み込んでいった。

　これと並行して，海に生きる二人の講師を招き，「努力のすばらしさ」を直接聞くことが３学期のビッグイベントとなった。

講師の一人は，元・水俣市漁協参事の諫山幸保(いさやまゆきやす)さん。海で働く諫山さんだが，実は漁師の手による植林活動を長年リードしてきた。諫山さんは，「海の環境をよくするには，山と川も一体となった自然のつながりを考えることが大事だ」と説く。そして，「海を壊すのは一瞬で簡単だが，元に戻すのには何十年もかかる」という経験に基づいた言葉は，子どもたちの心を強くつかんだようだ。また，海で働く漁師が山に木を植えることに，地域の自然を一連のつながりで考え地域の環境をよくする「生き方」を見出した児童も多かったという。

水俣病を受け入れ，前を向く

　もう一人の講師は，水俣病の語り部でシラス漁を営む漁師の杉本肇(すぎもとはじめ)さんだ。「2001ハイヤ節」の杉本栄子さんの長男で，袋小学校の卒業生でもある。祖父母と両親が水俣病を患い入退院を繰り返す中，五人兄弟の長男である肇さんはつらい少年期を過ごした。

　「5年生でぼくは漁を手伝い，食事の支度や薪で風呂を沸かすなど家事もして，弟たちは自分が守ると気負っていました。けれど，水俣病は差別があったから，学校で家のことは一切話しませんでした」

　教室は水を打ったように静まり返って，子どもたちは身じろぎもせずに聞いている。山本先生が最初に「メモはとらず，目と耳と心でしっかり受け止めましょう」と，指導したこともある。

　杉本さんの話は進む。「水俣が大嫌いで，高校を卒業してから東京で就職しましたが，僕は10年間出身地を人に言えませんでした。でもある時，水俣から逃げていては前に進めないと気付いたんです」やがて杉本さんは，家族で漁に出たこと，海の美しさ気持ちよさ，カサゴが丸ごと入った味噌汁のおいしさなど，楽しかったことも思い出すようになり，水俣に帰って漁師を継いだ。

　「水俣に帰ったのは，水俣病の受難から逃げるのではなく，受け止める覚悟をしたからです。覚悟をして前を向いて希望をもち，自分ができることをする，これが水俣の魂です。過去を学ぶと未来が見えてきます。みなさんも水俣の魂をもって生きて

▲水俣病について語る杉本さん

ください」

　講演の後、代表の女子児童がお礼として、「わたしは出身地を聞かれたら『水俣です、自然が豊かでとてもいいところです』と答えられる大人になりたいです」と、しっかりとした声で感想を話した。

　ストレートだが優等生的な作文ではなく、本心からの声だと思え、心に響いた。授業の後も少しの間、子どもたちは粛然とした様子で、杉本さんの話をかみしめているようだった。

「生き方」を考える

　二人の講師の話の後、授業はフォトブック作成の具体的な作業に入っていった。グループごとに担当のテーマに沿って原稿を書き、互いに意見を述べ合い、よりよい内容に修正するという作業だ。写真は森下さんに提供してもらった海中写真と、釣り調査や恋路島で山本先生が撮影した子どもたちの表情豊かな写真などで構成した。完成したフォトブックは、鉄道の駅や観光施設、公民館などに置いてもらい、水俣の過去と未来を、子どもたちの笑顔で包んで発信している。

▲完成したフォトブック（一部）

　そして、いよいよ卒業式を間近に控えた最終盤の授業だ。山本先生は、「これまでの活動を振り返り、これからの自分の生き方について考えよう」と、子どもたちに投げかけた。

　1学期に行った体験授業については、モニターに写真スライドを写しながら振り返った。また三人の講師の話は、子どもたちがまとめたメモを

発表させながら，思い出させていく。そうして書かれた「自分の生き方」の作文の一部を抜粋し紹介しよう。

▲生き方を考える授業の様子

○学んだこと…水俣の海には数多くの生物がいたということ。身の回りには，水俣の海を取り戻すために努力している人たちがいるということです。

生き方…水俣で生まれたものとして（中略）わたしたちの大切な海は自分たちで守りたいと思います。

○わたしは，もっと水俣の海のきれいさを他の地域に伝えたいと思いました。出身地のことで悪く言われることがもうないように，水俣の海のいいところをたくさん発信していきたいと思いました。

○水俣病という公害で，いろんな人，魚，自然が傷ついて，魚の生産地の名前を発表できない，水俣市民が差別される，自分の出身地が言えないなど，苦しい思いをしている人，魚がたくさんいて，きれいな海を取り戻したいという人が出てきたから，今の海があると思った。

水俣のいいところは，自分が思っていたよりたくさんあったから，これからもさがして自慢したい。

○自分が生きているこの水俣市を誇りに思い，胸を張って自慢できることは，自分が生きている水俣に対する最大の恩返しだと思うので，わたしも水俣のことを誇りに思い，胸を張ることのできる中の一人に絶対入りたいと思いました。

○一度壊された海を諫山さんたちは何年もかかって取り戻しました。壊すのは一瞬なのに，もとのきれいな海に再生するには何十年もかかってしまうんだな，と思いました。

これから大人になって，社会に出ていくとき，周りの人たちみんなに，水俣の海のきれいさ，水俣のよいところなどを，堂々と胸を張って言えるようになりたいです。そして，（略）諫山さん，（略）森下さん，（略）杉本さんの努力が無駄にならないようにしたいです。

真のふるさとの海の教育

　「生き方」の作文は，見事にそれぞれが自分なりの「決意」を表現している。改めて言うまでもなく，「水俣科」の確かな学習成果だ。

　それでも，子どもたちの生の声が聞いてみたかった。放課後，教室に残っていた6年生10数人に，「水俣は好き？」と直球をぶつけてみた。すると，構えたところもなく，実に天真爛漫に「大好き！」という答えが，どの子からも返ってきたのだ。

　「どんなところが好きなの？」と突っ込んでみる。「山も海もある」「海がきれい」「人が明るい」「食べ物がおいしい」ではどんな食べ物がおいしいの？「チリメン，タチウオ，イワシ，デコポン…」「ツワンコ（ツワブキ）やワラビをとってきて食べるよ」たくさんあるね。

　「海がきれいって，クリーン？美しい？どっちかな」と聞くと，すかさず「どっちもー！」という答え。「水が透明」「魚がいっぱいいる」「サンゴがある」という答えに混じって，「今年の授業の体験で初めて知った」という声も出た。そこから「釣りと，恋路島が楽しかったね」という話になり，「恋路島でウニを食べたのがおいしかった」と，ひととき思い出話で盛り上がるのだった。

　これぞ真のふるさとの海の教育ではないだろうか。すなおに「水俣が大好き！」と言える子どもたちの中に，水俣の先生たちが長年苦心し積み重ねてきた郷土の教育が，大きく花開いている。

　豊穣の海から一転，「死の海」となったふるさとの海。けれども，多くの犠牲と努力によって甦った海。水俣病に関する教育をベースに，体験や海に生きる人々の生き方を通して，子どもたちは心の底からふるさとの海を愛し誇りに思い，そして守る決意を固めたのだ。ふるさとへの思いは，懐かしい海の情景とともに，生涯この子たちの心の奥に埋火のように燃えつづけることだろう。

参考資料

『心ゆたかに水俣』2014年3月 水俣市教育委員会発行

『水俣市環境学習資料集─郷土水俣を誇れる子どもを育成する学習プログラム』
　2011年3月 水俣市教育委員会発行

熊本県水俣市立袋小学校への提言
~わたしの視点~

☝ 「環境都市・水俣」をめざす市・学校・子ども一丸の実践モデル

今でも「水俣」と聞いてよいイメージを抱く人は少ないのではないか。わたしもその一人だった。学校を訪問する前に海岸に足を向けた。あいにくの曇り空ではあったが、海を眺めながら散歩できる石畳のプロムナードが長く延びていた。晴天の日はさぞかし美しいだろうと想像できた。地域を散策し、授業を参観し、「水俣」のイメージは一新された。「公害の町・水俣」は「環境の町・水俣」に大きく変貌を遂げつつある。わたしが宿泊したホテルのロビーには、宿泊者用に環境やエコの本が数冊置かれていた。市をあげて「環境都市」をめざしていることがうかがえる。

兵庫県相生市立相生小学校への提言の中で、総合的な学習の時間における振り返りの重要性を述べたが、今回参観した3月初旬の授業は、6年生最後の、小学校の締めくくりにふさわしい、総合的な学習の時間を通しての自己の成長を振り返る場面であった。右の写真は、授業の最後に複数人が作文を紹介している場面である。仲間の語りに真剣なまなざしで聞き入っている。自分の考え方と比べてみたり関連付けてみたりしていることだろう。

本文にある「自分の生き方」の四人目の前半も感動的である。加えて一つ紹介しておきたい作文があった。

「わたしは将来の夢がまだしっかりと定まっていません。森下さんや杉本さんはしっかりと水俣、水俣病と向き合い、水俣に対してできる限りの

努力をし，自分の仕事をしっかりと果たしている方々です。わたしは自分にできることをすることで精一杯なので，自分にできる以上のことができる人はとても尊敬すべき方々だと思いました」
講師の話から生き方をしっかりと学んでいることがわかる。

　3年生は袋地区の名産品や名所，4年生は水俣の自然とハイヤ節，町のバリアフリー，5年生は環境保全を意識した農業や工業など，環境を多面的かつ深く学習し理解した集大成として，6年生は水俣の歴史と水俣再生に関係している人々とのかかわりを通して，「環境都市」として再生しつつある水俣の発信を行っている。これまでの学習の積み重ねがあるから，水俣再生にかかわる人々と向き合い深く学ぶことができる。これまでの学びを第三者に発信するために豊かな経験や多様な知識・情報を，他者を意識して自分の言葉で関連付け意味付けることで真の理解につながる。そして，自分ごととしてとらえ直すこととなる。総合的な学習の時間では，学習の成果を社会貢献・地域貢献の一つとして伝えるべき相手を意識して発信することを奨励してきた。袋小学校では4年間の総合的な学習の時間の集大成を6年生のこの時期に設定している。重いテーマだけに十分な理解とそのための学びが求められている。生半可な学習では終わっていない。

「地域カリキュラム」の典型として

　総合的な学習の時間では，子どもや地域の実態や特性に応じて，毎年マイナーチェンジを行いながら継承していく「学校カリキュラム」，対象や大テーマは共通でもその学年で具体的な取り組みを展開する「学年カリキュラム」，子どもたちと協議を重ねながら対象やテーマを絞っていく「学級カリキュラム」，個々がテーマや内容を決めて取り組む「個人カリキュラム」があるが，水俣の実践は「地域カリキュラム」の典型である。共通のモデルカリキュラムや教材を作成・提供し，それをもとに各校が実態に応じて計画・実施するものである。わたしがかかわったものとしては，神戸市の防災教育のカリキュラム・教材やそれを参考にした岩手県の防災・復興教育がある。共通課題に市をあげて取り組む水俣の総合的な学習の時間の実践は，地域や次代を担う人材育成，ふるさと創生のモデルである。

村川雅弘

COLUMN 4
共存の森ネットワークの活動

「つながり」と「共感」を求めて
～認定 NPO 法人 共存の森ネットワークの活動～

……………………… 1 体験あって学びなし ………………………

　森・川・海の教育は，閉鎖的な空間での学びとは異なり，子どもたちの感性に直接訴えかける事象との出合いに満ちている。「生命の尊さ」から「地球規模の環境問題」に至るまで，様々な学習展開が可能であり，「探究的な学習」のテーマとしてふさわしいものだ。しかし一方で，森・川・海の教育は，体験活動に終始しがちで，パターン化し，形骸化しやすいという意見も聞く。

　「体験あって学びなし」

　わたしたち NPO が，その言葉を最初に聞いたのは，岡山県備前市立日生中学校の藤田孝志教諭からだった。

　同中学校では，2000（平成 12）年から地元漁協の協力を得ながら，牡蠣養殖の体験活動を行っている。学校専用の牡蠣いかだを準備し，5 月の種付け作業，10 月の成長観察を経て，2 月に収穫し，選別・箱詰めを 1 年生全員が行う。地域の基幹産業である漁業を体験し，働くことの大変さや大切さを学ぶことがその目的だ。自ら育てた牡蠣のおいしさは格別である。手紙を添えて祖父母や親戚に送れば大変喜ばれる。しかし，それ以上に，その体験から何を学べるのか。藤田先生は，この活動にやや物足りなさを感じていた。

……………… 2 体験は専門家任せ，教員は引率するだけ ………………

　同様の話は，わたしたち NPO が運営事務局を務めている『学校の森・子どもサミット』（小・中学校の森林環境教育をテーマに事例発表や意見交換を行う場）に参加する先生方からも聞いた。

　「体験活動を実施している森林の保守管理や児童の安全管理は，森林ボランティアのみなさんにお任せしています」

　「樹名板の作成やネイチャーゲームなどの体験プログラムは，森林管理署の方や NPO のみなさんの提案に基づいて実施しています」

　確かに，森・川・海での教育を行う際に，研究機関や各種団体などと連

携し，支援を得ることは有益だろう。支援内容は体験プログラムや副教材，指導者の派遣，機材貸し出しなど多様であり，専門的な知識や資金，人手などが不足する学校にとっては心強いものだ。しかし，だからといって，すべてを外部に丸投げしてよいわけではない。前述の藤田先生は，教員の意識と課題について，次のように話していた。

「海は学校の目の前にあるけれども，海と陸は堤防によって分断されているし，遊泳も禁止されている。だから海は眺めるだけ。それは生徒も教師も同じです。海に関する専門的な知識がない上に，実体験も乏しい。だから教師は，生徒の引率に終始してしまうのです」

では，それをどう打開すればよいのだろうか。

先生は，「体験活動に新たな学習・指導方法を組み合わせる必要がある」と考え始めていた。そして，わたしたち NPO が長年取り組んでいる「聞き書き」の手法を，同校の海洋教育に取り入れることが決まった。

⋯⋯⋯⋯⋯⋯⋯⋯⋯⋯ 3 「聞く」ことでつながる ⋯⋯⋯⋯⋯⋯⋯⋯⋯⋯⋯⋯

わたしたちは，2002（平成 14）年から『聞き書き甲子園』という活動をつづけている。これは，毎年 100 人の高校生が，森・川・海の名人を訪ね，一対一の対話を通して，その知恵や技，生き方を「聞いて書く」活動である。高校生は名人を取材し，そのやりとりを録音して，一字一句書き起こす。最終的には名人の語り口調を生かした，一人語りの作品に仕上げていくのだ。

例えば，名人が牡蠣養殖の漁師だったとしよう。牡蠣養殖をしていると聞いて，「ああ，そうですか」と返事をしたのでは会話はつづかない。「いつ種付けをするのですか」「種付けをする貝は，どんな貝ですか」「何人で作業しますか」「そもそも種って，どのぐらいの大きさですか」とディテールを聞いていくことが重要だ。

生徒はついつい「仕事は楽しいですか。それともつらいですか」などと質問しがちだが，そんなことを聞かれても，名人は答えられない。あらゆる限りの想像力をはたらかせながら，具体的に聞く。

「牡蠣の収穫は早朝から海に向かう。きっと寒いだろうなあ」

そんなことを想像しながら，次の質問に移ろうとするときに，ふと名人と目が合って微笑む。互いの心が通い合う瞬間だ。

ある高校生は聞き書き作品をまとめる過程について，次のような感想を寄せてくれた。
　「名人の言いたいことが，いつの間にか，自分の言いたいことになってきた」
　生徒は，書き起こしをするために，録音した名人の言葉を何度も繰り返し聞く。次第に名人が語ることは「他人ごと」とは思えなくなっていくのかもしれない。

....　**4　海の先輩と出会う**　............................

　日生中学校での「聞き書き」は，「海の先輩に聞く」と題して，地元漁師の「聞き書き」を行うことになった。テーマは「アマモ」
　アマモとは，水深1〜数メートルの沿岸砂泥地(さでいち)に自生する海草の一種で，その群落を「アマモ場」という。アマモ場は，魚の産卵や稚魚の生育の場に適しており，「海のゆりかご」とも称される。地元漁協は，全国に先駆けてアマモ場の再生活動に取り組んできた漁師の集まりでもあった。
　日生で牡蠣養殖が盛んになったのは，昭和40年代前後の高度経済成長期であり，それ以前は，小型定置網漁業の一種である壺網漁(つぼあみりょう)を主としていた。壺網漁が盛んだった当時，590ヘクタールはあったとされるアマモ場は，昭和50年代には12ヘクタールにまで減少していた。なぜ，アマモ場は減少したのか。どうして漁師はそれを再生しようとしているのか。そのことを知ることは，海の環境や生態系を学び，また，ふるさとの海の歴史をひも解くことでもあった。
　まず，生徒たちは，アマモ場の再生活動を実際に体験してみることになった。船に乗り，流れ藻を回収して，アマモの再生に必要な種を確保する。ところが，このことを先生が生徒に提案すると意外な反応が返ってきた。
　「アマモを回収して，海の清掃活動をするのですか」
　彼らが登下校時にいつも

目にするアマモは，コンクリートの護岸に打ち寄せられて，黒く腐敗し，悪臭を放つ厄介ものだったのだ。だから清掃活動だと勘違いしたのだ。

·········· 5　人と人，人と自然との共生 ··········

　午前中に流れ藻の回収を体験した後，「聞き書き」は午後からグループに分かれて行った。個々の漁師のプロフィールを手がかりに質問をふせんに書き出していく。『聞き書き甲子園』に参加した経験のある学生が各グループに入り，ファシリテーター役を担った。

　場所は漁協の会議室。普段の教室ではなく，自由な雰囲気の中でインタビューをしてほしい。そんな藤田先生の心配りからだ。

　漁師は真摯に，そして笑顔で質問に答えた。それは，孫のような生徒たちが，大切な海のことを真剣に問いかけてくるからだ。

　「いや，最初はわしらも，アマモは邪魔藻だと思っていたよ。船のスクリューに絡まるしね。でもね，アマモが増えたら，小魚が増えてきたんだ。それだけではなく海水温の上昇も抑えられて，牡蠣の変死も少なくなってきたんだよ」

　「へえ！」と子どもたちの驚きの声が上がる。その様子を見ていた教師たちも目を輝かせた。

　「はじめて聞く話ばかりだ。漁師のみなさんの長年の努力や思いも，初めて知った」

　「聞き書き」の成果は，パネル展示になり，新聞になり，年表になった。そして今年は，星輝祭（文化祭）で演じられる劇のテーマにもなった。

　「演じる」ということは難しい。なぜならば，生徒は漁師になりきってその生き様を演じ，心を代弁しなければならないからだ。

　ちなみに昨年の劇のテーマは「ハンセン病」だった。日生中学校では海洋教育に加えて平和・人権教育を行っている。卒業を控えたある生徒は，3年間の総合的な学習の時間を振り返り，こんな感想を述べてくれた。

「わたしは，社会から排除されたハンセン病患者も，船のスクリューに絡んで邪魔扱いをされたアマモも，人間の勝手な都合で左右されてきたことに気付きました。患者にとって住みよい社会を実現していくことと，あらゆる生物にとって住みよい自然を再生していくことは同じです。これからの時代に求められているのは，人と人，人と自然との共生を実現することではないでしょうか」

……………… 6　森・川・海で，何をどのように学ぶのか ………………

　これからの総合的な学習の時間は，「何を学ぶか」ということとあわせて，「どのように学ぶか」ということが重視される。ある事柄をただ知っているだけではなく，実社会や実生活の中で知識や技能を活用しながら，自ら課題を発見し，主体的・協同的に探究し，その成果を表現していけるような学びの質や深まりが重視される。

　そのためには，従来のように知識を一方的に与える教育ではなく，能動的な指導・学習方法（アクティブ・ラーニング）が期待されている。森・川・海を学ぶことは大切だが，より重要なのは，それらを通して，児童・生徒の資質や能力をどのように育成するのかということだ。

　「生きる力」とは，子どもたち自身が，未来を切り開いていく力であるとわたしは思う。その力を養うために，学校の教育現場はもちろん，それを支援する研究機関や各種団体も，これまで以上に学習・指導方法の工夫と改良が求められている。日生中学校とわたしたちの思考錯誤は，これからもつづく予定だ。

理事・事務局長　吉野奈保子

第3章

これからの生活科・総合的な学習の時間

これからの生活科とその授業
……………………………………………執筆　藤井千春
これからの総合的な学習の時間とその授業
……………………………………………執筆　村川雅弘

これからの生活科と
その授業

藤井千春

はじめに

　生活科は平成元年の小学校学習指導要領で新設された。生活科では，子どもたちの直接体験を通じて，社会・自然・自分について考えさせ，その過程で生活上必要な習慣や技能を身につけさせて，「自立への基礎を養う」ことがめざされた。その後の改訂でも，このような枠組みは継承されてきた。ただし，「活動あって学びなし」という批判から，「知的な気付き」が強調されるようになった。また，いわゆる「小1プロブレム」などの問題の発生を受けて，小学校入学当初の総合的な生活指導の役割を期待されるようになった。

　今後の生活科の学習活動に対する指導・支援のあり方を考える上で，本稿では，「学び」の概念を明確にしつつ，次の点について検討・考察したい。

　①「知的な気付き」とは何か。また，それは子どもの「生き方」にどのように連続するものなのか。

　②生活科の学習活動は，小学校低学年における生活指導として，どのような役割を果たすべきなのだろうか。

　これらの点についての検討・考察を通じて，今後，「アクティブ・ラーニング」を実施する上で，生活科の学習活動はどのような価値を有するのかを明らかにし，その価値をどのように発展させることができるのかについて考察したい。

❶ 「知的な気付き」の意味と「生き方」への連続

体験，振り返り，成長

　生活科では，身近な人々・社会・自然との直接的なかかわり合い—身体の諸感覚をはたらかせて周囲の世界と相互作用すること—に基づいて学習

活動が展開される。そして，そのような相互作用から得られた「気付き」を知的なものに高めることにより，「自立への基礎を養う」（成長）がめざされる。

つまり，学習活動は，次のような段階を踏まえて構想・実践される。

①周囲の人々・社会・自然との直接的なかかわり，すなわち体験をする。

②その体験を振り返って，そこで得られた「気付き」について考えさせ，意識化させる。

③「気付き」を次の活動や生活において生かす。

このようなプロセスにおける子どもたちの学習活動に対して，どのような指導・支援が必要とされるのだろうか。

「気付き」の振り返りと言語活動

第一に，子どもたちに，人々・社会・自然などの環境と直接かかわり合う体験をさせ，そこからどのような「気付き」が得られたのか考えさせることである。つまり，体験についての振り返り（反省）を行わせることである。体験は，反省されることにより「経験」となる。

振り返りは，言語を使用して行われる活動である。そこでは，体験において自分の身体（諸感覚）を通じて得られた感覚を，言語化する作業が行われる。しかも，学校の学習活動で行われる場合，友だちなど他者にわかるように言語化しなければならない。振り返りは，他者への伝達を意識して，他者とのコミュニケーションの中で行われる。この点で誰かに伝えたいという意欲，言い換えると自分の「気付き」を伝えたい他者がいることが重要である。特定の他者に伝えたいという意識が子どもの言語活動への意欲を高めて促進する。

この点で振り返りは，すでに協同的な探究としての性格を有している。子どもは自分が感知したことと向き合い，何と類似しているか，どんな擬態語で表現できるか，どんな形容詞や副詞を使用するとわかりやすいか，などを考える。そのようにしつつ言語にあてはめて伝達を試みる。そのようなコミュニケーションの過程で，教師や友だちから，その伝達したい内容を端的に表現できる言語を教えられることもある。

そのように自分の伝えたい「気付き」を他者に伝えようとして他者とかかわり合う中で，子どもは自分が感知した感覚と結び付いた，その感覚を

表現・伝達するための言語を獲得する。それにより子どもは，その感覚の得られる状況について，ある特有の性質を有するものとして切り取って記憶することができる。また，その状況について，直接その状況にいない時にも，頭の中で考えることができる。また，他者とその状況を共有したり，話題としたりすることができる。そのようにして，感覚の得られた状況について，主体的に対応したり統制したりすることができるようになる。

したがって，体験を通じて世界から得られた感覚に言語を与えることによって，世界と自分とのつながり，また，他者と自分とのつながりが形成される。「気付き」を「知的」なものに高めることにより，そのようなつながりを自覚し，使用して生きることができるようになる。

そのような振り返りにおいて，「気付き」を「知的」なものに高めるためには，子どもたちにとって，体験は興味・関心のある活動でなければならない。また，多様な感覚が豊富に得られる活動でなければならない。そのような体験がなされることにより，そして伝えたい他者がいることによって，子どもたちは，一生懸命になって自分が得られた感覚を言語で表現し，友だちに伝達しようと知的に一生懸命になるのである。このようにして密度の濃い思考・判断・表現の一連の知的活動が展開されるのである。

「気付き」の高まりと成長

第二に，そのようにして高められた「気付き」を，次の活動や自分の日常生活でどのように生かすかを考えさせ，その実行を促し励ますことである。つまり，その「気付き」を具体的に再現して生かすことのできる場面を設定することである。

そのようにして「知的な気付き」に基づいて，子どもの活動や生活の質を高めさせることである。このことが，学習活動の成果が「生き方」にかかわるということであり，子どもが「自立」へ向かっての歩みを進める成長なのである。

この点で単元の中で体験的な活動は繰り返し設定されることが望ましい。一回目の活動を行い，それを振り返って「気付き」を高め，それに基づいて第二回目の活動に挑戦するというように，単元の学習活動がスパイラル的に展開していくことが必要である。高められた「気付き」に基づい

て次の活動を計画し実行することにより，子どもは自分の成長を実感することができる。また，振り返って「気付き」を高めることの必要性を感じる。そのようにして，連続的に自分の活動を発展させることのできる能力と自信・意欲が形成される。

　もちろんこのことは，その単元の学習活動の中だけではなく，別の単元や他の教科の学習活動の中で計画・実施されてもよい。あるいは，家庭生活で行われてもよい。例えば，小学2年生の子どもたちが，「あたかも」自分たちで電車の乗り方を調べて，自分たちで計画・準備して隣町のミカン園への遠足を実行するという活動を体験した。その学習活動の後，ある男児は家庭で母親に，「今度は僕がお母さんを連れて行ってあげるよ」と言ったという。このことも生活科の学習活動を通じて高められた「気付き」が後の生活において，新たな「生き方」を構成するようにはたらいていることと言える。

「学び」（「学ぶ」ということ）の意味

　上述したことが「学ぶ」ということである。「学習」とは，特定の単元や単位時間において，目標とされる知識や技能を習得する活動である。それに対して「学び」とは，新しい知識や技能を習得することにより，自分の生活（生き方）の質を変化させる活動である。「学習」が認知的な変化を意味するのに対して，「学び」は生き方の変化を意味する。生活科での学習活動が子どもたちに「学び」となることにより，子どもたちの「生きる力」が育まれる。「自立」に向けての自らの生き方の自信と意欲が形成される。

　体験で得られた「気付き」を知的なものに高めることにより，子どもは自分が世界や他者とどのようにつながっているのかを知る。そして，それを次の活動で実際に使用することにより，そのつながりを結び付きとして実現する。そのようにして，世界や他者と豊かなつながりの中で生きている自分を意識する。そのような学習活動を通じて，「生き方」が質的に豊かなものとなる。

❷ 仲間意識を形成するための学習活動

基盤としての子どもたちの仲間意識

　現在，ほとんどの学級には，「手のかかる子ども」がいる。しかし，そ

れにもかかわらず「崩れていない学級」もある。

「崩れていない学級」では，子どもたちのあたたかい仲間意識の形成が共通して感じられる。ダイナミックに，やんちゃさはあるものの，自分たちで学級生活をつくって進めていこうという意識である。そのような意味で子どもたちの主体性や自立への育ちが感じられる。

そのような学級では，子どもたちが「みんなで楽しくて一生懸命になる」ような，そして，みんなで知恵を出し合い，力を合わせてエネルギーをぶつけて挑戦し，「やったね」「楽しかったね」という感動を共有できるような活動が行われている。そのため子どもたちにストレスが感じられない。感動を共有していることにより，子どもたちの仲はよい。そして学級での仲間とともにいる生活を楽しみ，またそのような学級での生活を大切にしている。それを生み出してくれる教師に対する信頼感も高い。だから子どもたちは，自分が何をすべきかを考えて，いわば自立的に行動できる。

「学習紀律」は，教師の設定した「よい子」像を子どもに押し付けることでは確立されない。教師が「よい子」像を設定すると，それに入ることのできない子どもは「悪い子」となる。入ることのできない子どもがいるのは現実である。そうなると，教師によって「悪い子」がつくられて，子どもたちは「よい子」と「悪い子」に分断されてしまう。

また，友だちが叱られるのを見ると，子どもたちの気持ちは暗くなる。「よい子」たちも，お行儀の「枠にはまっている」ことがストレスとなる。教師が「学習紀律」を第一に「よい子」像を子どもたちに求めて押しつけるほどに，子どもたちにストレスがたまって，やがて子どもたちの集団は崩れることになる。

生活科では，「みんなで楽しくて一生懸命になる」学習活動を子どもたちにけしかけることができる。そのような活動を通じて，子どもたちが学級生活を「みんなで楽しくて一生懸命になる」場として意識させることから始めるのである。そのようにして，しだいに他者を意識して，また，自分が何を行うべきかを考えて，自分をコントロールできるように育てるという，指導・支援の道筋を設定しなければならない。そのように，子どもたちの心理の論理に則して子どもたちを育てることに教師の専門性が示される。規律を押しつけても子どもは育たない。

子どもの仲間意識が育つ学習活動の条件

　生活科の学習活動を構想する場合，「夢」「挑戦」「大がかり」が観点となる。「夢」があり，それに「挑戦」するという意識で，「大がかり」な活動に取り組むことによって，みんなで知恵を出し合う，あるいは，力を合わせる，さらには相互の主張を調整するなどの場面が，必然性をもって生まれる。そのようにして仲間意識を形成する機会を生み出すことができる。仲間意識は問題をみんなで解決していくことを通じて形成されるのである。

事例1. 小学1年生の子どもたちは，段ボールで囲ったフェンスの中に入り，その中に放されたニワトリを抱いたり，さわったりすることに挑戦した。しかし，最初の挑戦ではニワトリは逃げ回って触れることさえできなかった。教室に戻った子どもたちは，2回目の挑戦に向けて作戦を話し合った。「脅かさないように，静かにゆっくりと入ろう」「自分たちもニワトリの言葉を使おう」「体操服を着ればいい」「色が同じ白だから仲間だと思ってくれる」「だったら紅白帽の赤をかぶろう」「それに画用紙を赤く塗ってハサミで切って顎にセロハンテープで付けるといいよ」「そうすれば変装ばっちりだ」と発言がつづいた。

　子どもたちの発言は，友だちの発言を聞いて自分の考えを加えるという形式で連続している。そのようにしてアイデアが発展している。友だちの話を聞いて発展させるという協同的で探究的なコミュニケーションが，必然性をもって展開されている。聞く力，考える力，言語活動に参加する力はこのようにして育成されていく。

事例2. 小学2年生の「子どもまつりをしよう」で，男児三人組が，段ボールで「ジャンボパチンコ台」制作に取り組んでいた。2畳分くらいある段ボールは，斜めに立てかけると中央部分がしなってしまう。そこで男児たちは，廃材の材木を段ボールの両端に添えて支えることを考えついた。そして，一人がノコギリで切る係，他の二人は材木の左右の端を押さえる係となった。途中，切る係が疲れるとタッチして交替で作業を進めた。15分ほどして切断できた。三人組は「ふーっ」と息をつき，やがて顔をあげてお互いの視線を合わせてニターッと笑った。

　三人組は，力を合わせてやり遂げたことを実感し合った。「夢」のある「大がかり」なものを制作するためには，力を合わせることが必要にな

る。また，ノコギリで材木を切るという，大人たちがやっている活動に「挑戦」しなければならない。このような「力を合わせる」という活動を通じて，貢献した仲間のよさを認めること，貢献を認めてくれた仲間への信頼感，貢献できた自分への自信など，他者との豊かなつながりを実感し，それを発展させようとする意欲が高まる。

事例３．小学２年生の子どもたちは，秋の遠足で隣町のミカン園に電車に乗って出かけることになった。生活科の時間で，行くための方法について話し合った。子どもたちは，学校から駅まで，バスに乗るか徒歩にするかで対立した。そして，運賃箱への料金の入れ方がわからないから徒歩にするという子どもに対して，バス派の子どもたちは運賃箱を調べて模型をつくり，練習することを提案した。また，別のバス派の子どもは，家から学校までの通学距離が遠い友だちは，さらに駅まで歩いた場合，ミカン園に着いたときには疲れて一緒に遊べなくなると述べて，みんなで駅までバスに乗ることを勧めた。

　このような話し合い活動では，活動の進め方について，子どもたちに納得のいくまで話し合いをさせなければならない。教師はともすると，このような進み方をめぐる話し合いは，時数の関係から早めに切り上げさせようとしがちである。しかし自分が何をどのように行いたいのか，また，どのような利点があるのかなどについて，明確に説明させることは大切である。そして，それ以上に大切なことは，相手の言いたいこと，つまり，相手が何をやりたいのか，なぜそれをやりたいのか，またどのようにやりたいのかなど，相手の言い分についても，しっかりと聞いて理解させることである。

　子どもたちは，自分たちがやり遂げたい活動である場合，対立した状況でも一方的に相手を論破しようとはしない。相手の言いたいことを聞いて，それに理解を示した上で，落としどころを考えようとする。相互の理解と納得を形成しようとするのである。相手が何を言いたいのか，あるいは，何を求めているのかなどを，相手の言語から推測・洞察して理解し，それを踏まえた上での相互の主張を調整しようとする。必然性をもってそのような問題解決を経験させることができる。

　このように他者の言葉を手がかりとして，また他者と言葉を使用してのコミュニケーションを通じて，他者についての洞察力を高めることが必要

である。このような他者についての洞察力は，他者から学ぶ力やチームで
の協同に参加貢献するための能力となる。その点でアクティブ・ラーニン
グを実施する上で不可欠な基盤となる。

　また子どもは，他者から自分について十分に理解してもらえたと感じる
ことにより，自分を変えることができる。自分を変えるためには信頼でき
る他者の存在が必要である。このような徹底した話し合いを通じて，子ど
もたちに，相互に対して十分に理解し合うことを経験させることができ
る。そのことが子どもたちの相互に対する信頼感を形成し，問題を自分た
ちで解決していくことへの意欲と自信を高めていく。

おわりに

　アクティブ・ラーニングを，学習活動に対する単なる指導方法と考えて
はいけない。体験から考えて自分の生き方を豊かに高めるという「学び」
についての意識，及び協力することや理解し合うことによって大きな価値
を実現できるという仲間意識が，アクティブ・ラーニングを成立させるた
めの基盤として必要となる。そのように，子どもたちの学ぶことや仲間に
対する肯定的な意識が基盤に形成されていなければ，子どもたちは主体
的・協同的に学習活動に取り組むことはできない。生活科の学習活動で
は，子どもたちに対する学習指導と生活指導とを，以上論じたような価値
を実現するという視野において統一的に行うことができる。生活科では，
今後，「学ぶ」ことや仲間についてのこのような意識を子どもたちに育て
ることが期待される。

〈参考文献〉
　『問題解決学習の授業原理』『子ども学入門』藤井千春著　明治図書出版発行

これからの
総合的な学習の時間とその授業

村川雅弘

❶ 未来を築き地域を担う人材を総合的な学習の時間で育む

次代が求める資質・能力の育成

　これからの子どもたちは将来の変化を予測することが困難な時代を生き抜かなければならない。さらに少子化が進む中で，一人ひとりがもっている力を発揮し，互いを受け入れ認め合い，力を合わせて国や地域等が抱える問題に立ち向かっていくことが求められる。

　次代を生き抜く子どもたちに必要とされる資質・能力とは何か，一人ひとりの可能性を最大限に伸ばすために学校教育はどうあるべきか，を検討するために「育成すべき資質・能力を踏まえた教育目標・内容と評価の在り方に関する検討会」が設置され，2014（平成26）年3月に論点整理を公表した。わたしもメンバーの一人だった。

　資質・能力に関しては，教育基本法改正〔2006（平成18）年〕や学校教育法の「学力の三要素」〔2010（平成22）年〕，中央教育審議会の「生きる力」〔1996（平成8）年〕，キャリア教育の「基礎的・汎用的能力」〔2011（平成23）年〕，内閣府の「人間力」〔2003（平成15）年〕など，すでに議論され提言されてきた。「総合的な学習の時間」〔1998（平成10）年〕のねらいにも「自ら課題を見付け，自ら学び，自ら考え，主体的に判断し，よりよく問題を解決する資質や能力を育てること」と明示されている。海外でも育成すべき人間像をめぐっての論議（「21世紀型スキル」等）が盛んで，PISA調査〔経済協力開発機構（OECD）が実施する学力到達度調査〕の理論的基盤の「キー・コンピテンシー」もその一つである。

　中央教育審議会教育課程企画特別部会は，この検討会の成果を受け，育成すべき資質・能力を三つの柱，

①「何を知っているか，何ができるか」にかかわる各教科に関する個別の知識や技能

②「知っていること・できることをどう使うか」にかかわる問題発見や協働的問題解決に必要な思考力・判断力・表現力

③「どのように社会・世界と関わり，よりよい人生を送るか」にかかわる学びに向かう力や「メタ認知」，多様性を尊重する態度と互いのよさを生かして協働する力，持続可能な社会づくりに向けた態度，リーダーシップやチームワーク

などに整理している。

　これまで数多くの学力観が提案されてきたが，共通性が高いのは，「問題解決力」と「対人関係形成力・協調性・コミュニケーション力」，「自律性・主体性」である。ほぼすべての学力観に含まれる。次代を生き抜く子どもたちに共通に求められるのは「様々な課題に対して決してひるむことなく，既有の知識や技能を活用して，仲間と協力しながら主体的かつ協同的に問題解決を図っていく力」である。

　日本生活科・総合的学習教育学会は 2013（平成 25）年度末に総合的な学習の時間で培われる力に関する調査を行った。その結果，総合的な学習の時間に先進的に取り組んでいる学校の子どもほど，「目的に応じて吟味する質の高い思考力・情報活用の能力」「周囲の人間と協同的に問題解決していく能力」「地域に自分を役立て，貢献しようとする意識」「自分だけでは視野に入っていなかった新しい社会的課題に目を向け，よりよい社会の実現に向けて挑戦する意欲」が育っていることが明らかになった。

総合的な学習の時間と教科学力

　かつて学力論争が起こると必ずやり玉にあがったのが「ゆとり教育」である。その代表格と見られている「総合的な学習の時間」も逆風にさらされ，沈滞化した時期があった。中学校や高校では，単発的な体験にとどまったり，行事等の準備や振り返りに使われたり，教科の補充に運用されたりしている場合は少なくなかった。小学校においては概ね趣旨を踏まえて実施されているが，必ずしも「探究的」な学習にはなり得ていない実践が存在していた。

　2013（平成 25）年度の全国学力・学習状況調査に初めて「総合的な学習の時間では，自分で課題を立てて，情報を集めて整理して，調べたこ

とを発表するなどの学習活動に取り組んでいますか」の項目が設けられた。その結果，総合的な学習の時間において探究的に取り組んでいる学校は，特にＢ問題（知識の力を問うＡ問題に対し，活用の力を問う問題）の成績が大きく伸びているというデータが示された。また，PISA2012において，わが国の学力向上には総合的な学習の時間が影響を与えているという指摘もある。PISA調査の理論的基盤である「キー・コンピテンシー」と総合的な学習の時間で「育てようとする資質や能力及び態度」としての「学習方法に関すること」「自分自身に関すること」「他者や社会とのかかわりに関すること」の三つの視点が一致しているので当然の結果と言えよう。

　「汎用的な能力」の育成だけを重視しているのではない。よりよく生きる上で，「教科学力」も必要である。実際，地域の様々な課題を解決する際に教科で身につけた知識や技能が活用されている。また，そのことにより，子ども自身が教科を学ぶ意義を理解している。主に総合的な学習の時間が培ってきた「汎用的な能力」と「教科学力」は相互に関連しつつ，質的に高められていくことが望ましい。

❷ アクティブ・ラーニングとは？

アクティブ・ラーニングを考える

　次期学習指導要領に向けての改革が進む中，「アクティブ・ラーニング」が注目されている。わたしは，教科や道徳，総合的な学習の時間を問わず，「共通の課題解決のよりよい解を求めて，目標を確認しつつ一人ひとりが責任をもって自己の考えを表明し，協働的・共感的に進めていく問題解決的な活動」と定義付けしている。アクティブ・ラーニングを，学習活動や学習形態の改善にとどめず，主体的・協働的かつ共感的な学びを通して，「これから遭遇するかもしれない正解のない・答えが一つに定まらない諸課題に対して，一人ひとりがひるむことなく責任をもって自己の考えや思いを述べ，少しでもよりよい解をみなで少しずつ積みあげて見出していく」という考え方や生き方は，まさしく求められている資質・能力に他ならない。

　アクティブ・ラーニングという言葉が公的に発せられたのは，2014（平成26）年11月の文部科学大臣の中央教育審議会諮問である。それ以

降，全国の教育委員会や学校現場はその実践に向けて大きく舵を切った。この間，ずいぶん多くの小・中学校を訪問し，アクティブ・ラーニングを取り入れた授業づくりを模索してきた。

その中において，鳥取県境港市立境小学校とは，2014（平成26）年からかかわっている。どの学年も地域貢献的な活動を展開しており，低学年からアクティブ・ラーニングを意識した授業を試行してきた。例えば，3年生総合「ゆめっ子ひみつたんけんたい」では，「水木しげるロード」のよさを再発見し，観光客を相手にボランティアガイドを行っている。写真（上）は，観光客に対するアンケート結果を

もとに，よりよいガイドになるための解決策を考えている場面である。「？（はてな）が多かった」「わからないところがあった」「小さい声だった。笑顔がなかった。恥ずかしがっていた」の三つの課題に対して，各自が解決策をふせんに書き，KJ法で整理している。6年生総合「それいけ！お魚ロード盛り上げ隊」では，「水木しげるロード」のその先にある「お魚ロード」の知名度をあげるためにオブジェやキャラクター，パンフレットづくりに取り組んでいる。写真（下）は，パンフレットグループの作品をさらによりよいものにするためのアイデアを各グループで考え，学級全体でまとめているところである。

アクティブ・ラーニングの成立条件

総合的な学習の時間と教科を問わず，アクティブ・ラーニング成立の条件として，現時点では次の7点をあげたい。

一，「受容的な関係づくり」である。自信がなくても明確でなくても考えを聴いてくれる，受け入れてくれる，わかろうとしてくれる受容的な関係である。だから，語ろうとする。語り合うことで考えがまとまってくる。自分なりの考えをもつことにより，他者の考えと比べたりつなげたりできるのである。将来において，誰もが正解をもっていない課題に遭遇し

たときに大切なのは，気付きやひらめきを少しずつ出し合いながら，つなげたり，他者の考えに触発されて新たなアイデアを思いついたりする問題解決である。

　二，「問いや教材の工夫」である。「生活や社会，将来とつながっていて面白そうだ」「何とかして解決したい」といった関心や意欲を引き出す問いや教材，多様な考えや対立する意見が出やすい問いや教材の工夫が求められる。

　三，「子ども主体の言語活動」である。現行指導要領において，思考力・表現力・判断力を育むための言語活動の充実が進められているが，教師が板書や発問を駆使して，子どもたちの考えをつないだり整理したりしている授業を見かけることが多い。子どもたちにその役割を少しでも委譲してみてはどうか。異なる考えを受け入れたり，比べたりつなげたり，まとめたりすることは十分にできる。境小学校では低学年から，ペアやグループにおいてその日の司会が話し合いを進めており，全体の話し合いも子どもが司会をしている。

　四，「思考を促す適切な手法」である。アクティブ・ラーニング以降，総合的な学習の時間や教科を問わず多くの授業で，いわゆる「思考ツール」が使われている。しかし逆に，子どもの豊かな思考を妨げたり，本来の授業の展開とは異なる方向に思考が流れたり，といったミスマッチは少なくない。試行を重ねていくことでよりよい活用方法が確立していくと考えるが，わたし自身は比較的単純な手法を奨励している。例えば，境小学校においては，３年生では課題を絞った上でのKJ法，４年生ではバリアフリーのアイデアを「できる⟷できない」や「効果なし⟷効果あり」の座標軸を用いてのKJ法，５年生は「KJ法」と「*ダイヤモンドランキング」，６年生は「マトリクスを用いたKJ法」を採用している。アイデアを広げるときはウェビング，アイデアを整理するときは必要に応じて分析の視点や枠を設けた上で基本的にはKJ法を推奨している。将来において適宜使いこなせる手法を身につけさせたいと考えている。

　五，「個人思考と集団思考のバランスと関連」である。グループで話し合う前には必ず個人で考える活動を組み入れたい。考えが出にくいときには，ペアでの対話を通して個人の考えを引き出したい。境小学校を例にとれば，６年生はパンフレットに対するコメントを各自がワークシートに記

述した上で，グループで話し合い，その結果をもとにして学級全体でまとめている。そのために，どの児童も全体の場でもよく発言する。その布石は低学年から徹底されていることにある。写真は2年生の生活科である。町の図書館での気付きを，まず個人でワーク

シートに書き，その後，グループで整理している。

　集団思考を行った後は必ず個人思考に戻し，「グループや学級で話し合ったことで自分の考えがどのように高まったか，深まったか」を振り返らせることが大切である。

　六，「個に応じた表現方法の多様性の保障」である。どの子もさっと書けたりうまく話したりできるわけではない。メモでもイラストでもよい。少しでも自分の考えを形にしておこうとすることが大切である。ペアやグループ，学級の話し合いを通して少しずつ肉付けしていけばよい。自信がなくても発した言葉や示したイラストが，グループや学級の話し合いに一石を投じるかもしれない。

　七，「正答主義・正解主義の呪縛からの解放」である。「自信がなくても自分の考えを書きましょう」と教師が述べても，ノートやワークシートが空白のままある子どもは少なくない。特に，中学生に多く見られる。他の生徒が発表したり，教師が板書したりした時点で始めてその空白を埋める。「ノートやワークシートはきれいに書く，正しい答えを書く」という呪縛にとらわれているのではないだろうか。「教室は間違うところだ」というあたりまえのように使われてきたこの考えを徹底することが求められている。

❸ 総合的な学習の時間の重要性

「社会に開かれた教育課程」の実現に向けて

　少子高齢化の波は子どもたちにさらなる困難を強いることとなる。地方はますます先細る危険性が高まる。地域に活気があってこそ国全体が活性化する。「ふるさと創生」は人づくりから。未来の地域の担い手を育む上

で総合的な学習の時間の果たすべき役割は大きい。

　教育課程企画特別部会の論点整理の中でも「人口減少下の様々な地域課題の解決に向けても，社会に開かれた学校での学びが，子供たち自身の生き方や地域貢献につながっていくとともに，地域が総がかりで子供の成長を応援し，そこで生まれる絆を地域活性化の基盤としていくという好循環をもたらすことになる」と述べている。また，「社会の変化に目を向け，教育が普遍的に目指す根幹を堅持しつつ，社会の変化を柔軟に受け止めていく『社会に開かれた教育課程』としての役割が期待されている」とも述べている。

　総合的な学習の時間が「社会に開かれた教育課程」の要なのである。総合的な学習の時間の授業づくりのポイントとして「探究的な学習」「協同的な学習」「体験活動の重視」「言語活動の充実」「各教科等との関連」の五つに加えて，わたしは常に「身近な地域への貢献」を重視してきた。川や池などの環境や絶滅危惧種，高齢者や障がいのある人の生活，地域の伝統や文化，特産物の地産地消，地域防災等々，様々な課題を取り上げ，その解決や活性化にかかわる子どもたちに出会ってきた。

　身近な地域社会に貢献した実践として秀逸なのは，香川県高松市立庵治第二小学校の「大島案内ひきうけ会社」である。学校は高松市から船で15分ほどの大島にある。2006（平成18）年度，当時の院生とともに訪問した。船を降りると6年生2名と3年生1名が出迎えてくれた。名刺交換の後，彼らの観光案内が始まった。かつては国立療養所「大島青松園」の入所者は島から一生出られなかったこと，死んでも故郷に帰れないので納骨堂があること，せめて魂だけは故郷にという思いでつくられたのがモニュメント「風の舞」であること，目の不自由な方のために道路にいろいろな工夫があること，女性は不妊手術をされたために産婦人科と小児科がないことなど，十数か所を1時間半ほどかけて三人が代わる代わる説明をしてくれた。必ず「何か質問はありませんか？」と尋ねる。院生から繰り出される質問もしっかり受け止め丁寧に答える。メモ一つ見ることなく受け答えする姿，そして何よりも「ハンセン病や元患者さんのことを知ってほしい。帰ったら伝えて広げてほしい」という思いがひしひしと伝わった。

　テーマや内容は異なっても，すぐに解決できないような問題でもあきら

めずに何とかしようとする子ども，多様な年代や立場の人，専門家とかかわりながら解決の糸口を見つけようとする子ども，よりよい解決に向け真剣に互いの考えを述べ合い理解し合おうとする子ども，自分たちなりの改善や活性化のためのアイデアや思いを様々な手段で伝え発信しようとする晴れやかで自信に満ちた子ども，に数多く出会ってきた。教科学習や部活動等では自分のよさを見出すことが苦手だった子どもが，総合的な学習の時間では先頭に立って活躍し，達成感を感じることで自信や新たなるものへの挑戦意欲を高めているとの報告も耳にする。

　十数年前，総合的な学習の時間に熱心に取り組む児童の自由帳を読んだ。「ワールド（注：その学校の総合的な学習の時間の名称）でこんなにわたしたちは成長できたんだから，ワールドの大切さを伝えていかなければならないと思いました。わたしが大人になっても，いつまでもワールドがありつづけてほしいです」と書かれてあった。5年生の女子児童に囲まれて「総合の時間をなくさないでください」と詰め寄られたこともある。総合的な学習の時間の存続が危ぶまれていた時期である。次期学習指導要領では，資質・能力の育成をめざす授業改善及び社会に開かれた教育課程の実現において要となる時間であることが再認識されている。この子どもたちの願いをかなえることができてほっとしている。

　総合的な学習の時間は真剣に取り組めばそれだけ大変なことは否めない。総合的な学習の時間の授業づくりを楽しんでほしい。期待以上に成長した子どもの姿を見て，「教師冥利に尽きる」と熱く語ってほしい。子どもも教師も地域も成長する総合的な学習の時間のよさを，体験した一人ひとりが様々な形で後世に伝えていってほしい。本書もその一つとなることを願っている。

＊ダイヤモンドランキング…九つのポイントを上から1→2→3→2→1と序列化し，根拠や理由をみんなで吟味していく思考ツール。

　日本は，森の国です。森は豊かな水を育み，多種多様な植物や動物が生息します。衣食住はじめ，わたしたちが生きていくための糧の多くは，森によって支えられてきました。

　日本は，周囲を海に囲まれています。海の幸もまた，日本人の暮らしにとって欠かすことはできません。その海を越え，わたしたちは世界とつながっています。

　そんな森や海を舞台に，子どもたちの「生きる力」を育む教育が全国各地で実践されています。しかし，その多くは体験活動にとどまりがちで，「確かな学び」へと導くための指導方法の工夫が必要とされています。どのように授業を組み立てていけばよいのか。子どもの主体性をいかに引き出すのか。教育現場の悩みは尽きません。

　本書では，森や海をテーマとした全国八つの小学校の教育事例を紹介することを軸に，「アクティブ・ラーニング」へのヒントを随所に盛り込んでいます。

　ご一読いただき，森や海の教育の可能性を感じ，その指導方法について考える一助としていただければ幸いです。

　最後になりますが，取材にご協力をいただきました各学校や地域，保護者の皆様はじめ，ご指導，ご執筆，ご助言をいただきました諸先生方に厚く御礼申し上げます。また，出版に際し，助成を賜りました公益財団法人日本財団に心より感謝申し上げます。

NPO法人 共存の森ネットワーク
理事・事務局長 吉野奈保子

● 監修者・執筆者紹介 ●

🌳 森の学校担当

浜田 久美子

森林ライター。
東京都生まれ。早稲田大学卒業。横浜国立大学大学院中退。精神科カウンセラーを経て，木のパワーに接したことから森林をテーマにした作家へ転身。
著書に『森の力―育む，癒す，地域をつくる』岩波新書など。

藤井 千春

早稲田大学 教育・総合科学学術院教授。
博士（教育学）。1958（昭和 33）年千葉県生まれ。筑波大学大学院博士課程修了。茨城大学助教授などを歴任。
ジョン・デューイの哲学と教育学を研究。
日本生活科・総合的学習教育学会理事。日本デューイ学会理事。教育哲学会監査。
著書に『問題解決学習の授業原理』明治図書，『校長の哲学』学事出版など。

🍃 海の学校担当

大浦 佳代

海と漁の体験研究所 代表。
群馬県生まれ。東京海洋大学大学院修士課程修了。農業・漁業・教育分野のライター，写真家。都市と漁村の交流サポートをライフワークとしている。
著書に『港で働く人たち』ぺりかん社（日本沿岸域学会 出版・文化賞受賞）など。

村川 雅弘

鳴門教育大学大学院 基礎・臨床系教育部教授。
修士。1955（昭和 30）年兵庫県生まれ。大阪大学大学院後期課程中退。鳴門教育大学助教授などを歴任。
専門は教育工学，カリキュラム開発。
日本生活科・総合的学習教育学会理事。日本教育工学会理事。日本カリキュラム学会常任理事。
著書に『「カリマネ」で学校はここまで変わる！』ぎょうせい，『「ワークショップ型校内研修」充実化・活性化のための戦略＆プラン 43』教育開発研究所など。

森の学校・海の学校 〜アクティブ・ラーニングへの第一歩〜

2016年(平成28年)2月29日 初版発行

編 著 者	特定非営利活動法人 共存の森ネットワーク
発 行 者	佐々木秀樹
発 行 所	三晃書房
	〒558-0041 大阪市住吉区南住吉4-7-5　TEL：06-6695-1500

表紙デザイン	矢部綾子(kidd)
表 紙 撮 影	金　玖美
表紙撮影協力	井上孝午
印刷・製本	藤原印刷株式会社

Ⓒ 2016 kyouzonnomorinetwork All Rights Reserved.
ISBN978-4-7830-8016-9　Printed in Japan

定価はカバーに表示してあります。本書の無断転載・複製を禁じます。
乱丁・落丁本は購入書店を明記の上、小社大阪本社業務部(TEL：06-6695-1771)あてに
お送りください。送料小社負担にてお取り替えいたします。